T0403133

HEC Campus, Evolution of a Model

Le campus HEC, un modèle d'évolution

PARK BOOKS

PARK BOOKS

HEC Campus, Evolution of a Model

Le campus HEC, un modèle d'évolution

ABOUT THIS BOOK

The word *campus* directly refers to a specific spatial dimension: vast green spaces in which one finds a group of buildings with different functions, under the common matrix of the transmission of knowledge and teaching. According to this definition, the campus appears as a structure offering infinite configuration possibilities, a true model adaptable according to different requirements. Cyrille Weiner's images, which punctuate the book's contents, attempt to visually define this territorial dimension by focusing attention on a concrete example: the Jouy-en-Josas site of the École des Hautes Études Commerciales (HEC). The images underline the evolution of lifestyles on the university campus, by focusing on Jouy-en-Josas as a French paradigm. HEC is indeed one of the French institutions at the forefront of experimentation with informal teaching models allowed by the campus' organization. Christian Hottin's text, enriched with historical images, clearly explains how, from 1958 onwards, HEC chose to leave the perimeter of intramuros Paris in search of a teaching opportunity more in tune with modern forms of learning.

Sixty years later, René-André Coulon's campus lifestyle requires renovations and innovations. The student residence, in its modernist sense of "Existenz minimum", becomes the object of a new experiment, implemented by Martin Duplantier, former student of this school and demiurge architect of an experiment on student housing on the Jouy-en-Josas campus. The conversation between Martin Duplantier and Virginie Picon-Lefebvre recreates the genesis, design and creation of the student residence project. The words of Peter Todd, Managing Director of HEC, reinforce the spatial discourse developed by the architect. Next, the reading and critique of the concept of campus by Francesco Zuddas makes this French experience dialogue with other case studies from a broader historical and social perspective.

Finally, David Chipperfield questions how architecture can become a model to elaborate of future teaching, considering the ambition of this work is to take the HEC campus as a pretext to propose a broader reflection on the contemporary conception of study and work spaces.

À PROPOS DU LIVRE

Le mot *campus* renvoie directement à une dimension spatiale précise : de vastes espaces verts dans lesquels on retrouve un ensemble de bâtiments aux fonctions différentes, sous la matrice commune de la transmission du savoir et de l'enseignement. Selon cette définition, le campus apparaît comme une structure offrant une possibilité infinie de configurations, un véritable modèle adaptable en fonction des différentes exigences. Les images de Cyrille Weiner, rythmant la succession des contenus du livre, essaient de définir visuellement cette dimension territoriale en focalisant l'attention sur un exemple concret : le site de Jouy-en-Josas de l'École des hautes études commerciales (HEC). Les images soulignent l'évolution des modes de vie dans le campus universitaire, en focalisant l'attention sur Jouy-en-Josas comme paradigme français. HEC est en effet l'une des institutions françaises qui se situe à l'avant-garde de l'expérimentation des modèles d'enseignement informel favorisés par l'organisation du campus. Le texte de Christian Hottin, enrichi d'images historiques, explique clairement comment, à partir de 1958, HEC choisit de sortir du périmètre de Paris intra-muros à la recherche d'une possibilité d'enseignement plus en phase avec les formes d'apprentissage modernes.

Soixante ans après, le mode de vie sur le campus imaginé par René-André Coulon nécessite des rénovations et des innovations. La résidence étudiante, dans son sens moderniste d'« Existenz minimum », devient l'objet d'une nouvelle expérimentation, mise en œuvre par Martin Duplantier, ancien élève de cette école et architecte démiurge d'une expérience sur l'habitat étudiant sur le campus de Jouy-en-Josas. La conversation entre Martin Duplantier et Virginie Picon-Lefebvre restitue la genèse, la conception et la création de ce projet de résidences étudiantes. Les mots de Peter Todd, directeur général de HEC, renforcent le discours spatial élaboré par l'architecte. Ensuite, la lecture et la critique du concept de campus par Francesco Zuddas font dialoguer cette expérience française avec d'autres cas d'étude, dans une perspective historique et sociale élargie.

Enfin, David Chipperfield s'interroge sur la façon dont l'architecture peut devenir un modèle pour élaborer l'enseignement du futur, l'ambition de cet ouvrage étant de prendre le prétexte du campus HEC pour proposer une réflexion plus large sur la conception contemporaine des espaces d'étude et de travail.

Space shapes us. The HEC Paris campus we are shaping for the future goes some way to providing that space for a new generation of students, Alumni, professors and staff members. Together, we are promoting innovation, diversity and a spirit of openness which we believe will serve as a global reference. Together, we are engaged in exploring this space for education, combining architecture with blended teaching, design with information and IT, landscapes with the combined strength of a community of over 100 cultures.

In 2012 Martin Duplantier collaborated with David Chipperfield Architects to create the 126 meter-long building at the HEC campus entrance, commonly known as Building S. Its 9,500 square meters has been lauded for its open learning environment, advanced technological work spaces and state-of-the-art exterior. Last year, Martin Duplantier completed the elegant residential Building N and has several ongoing campus-based projects that act as reservoirs for people and ideas. In his designs for the campus of the future, knowledge, the intangible, and the immaterial, all mesh seamlessly into an all-encompassing learning landscape.

At HEC Paris, we are exploring ways to coalesce virtual and real classroom experiences for the students, executive participants, professors and visiting academics. What will a learning and teaching environment which exploits both digital and traditional teaching look like? We believe this new landscape will incorporate a savvy marriage between digital technology and traditional classroom exchanges.

Since 2013, we have been expanding our offer of blended teaching thanks to a growing number of MOOCs and the introduction of one of the world's first online Master's degrees. At the same time, our staff has been growing into the concept of telecommuting. Our telecommuters have seized the advantages of electronic media to alternate between their on-campus workspace and personal work sites. Both these developments answer the realities of a rapidly-evolving world of business education in the digital age.

Peter Todd

HEC Paris will continue to offer its unique setting to the most talented students from the four corners of the Earth, all selected with rigor and balance. In the campus of tomorrow, the business school will explore new space designs in which to implement innovative learning and teaching methods. It will adapt itself to a growing number of learners "on the move", exploiting mobile devices, online learning resources and digital literature. We integrate the realities of a dense student timetable with their frequent moves from the physical to virtual spaces and back. Our professors will blend formal in-class exchanges with direct coaching sessions over the Internet.

Our campus of the future will encourage the unification of a student/staff population in one of the world's most cosmopolitan business schools. This unity into a modern form of the Ancient Greece concept of Agora will crystallize around a Babel's tower of idioms and cultures. The HEC community of tomorrow will retain the traditional sense of being part of a family. Since 1964, HEC's geographical center has been the 340-acre wooded campus at Jouy-en-Josas. Here, we blended the aesthetics of our magnificent physical environment—the campus' woods, fields, lakes, chateau and modern buildings—with the variegated roots of the HEC family. In the future, we hope to go beyond these boundaries which encompass our classrooms, research zones, administrative offices, study areas, recreational surfaces and transition spaces.

We aim to reach out beyond this campus. We shall consolidate our bridges to the immediate environment of the Paris-Saclay cluster of which we are a part. This hub, part of the world's eight largest technological clusters, is home to a sixth of France's R&D jobs and 3% of the world's science publications. And it is strongly linked to the unique eco-systems offered by Paris, Versailles and La Défense, the biggest business center in Europe.

Together, our campus of the future seeks to assemble all these elements and harmonize them with the past and present, the rural and urban. We will forge a campus of tomorrow which is a model of architecture. It will relay our unwavering commitment to future generations of students, sharing our academic excellence, our diversity and tolerance, and our pride in a unique history dating back a century and a half.

THE HEC CAMPUS OF TOMORROW

L'espace nous façonne. Le campus HEC Paris que nous concevons pour l'avenir permet en un sens d'offrir cet espace à une nouvelle génération d'étudiants, d'anciens élèves, de professeurs et de membres du personnel. Ensemble, nous défendons l'innovation, l'esprit d'ouverture et la diversité dont nous pensons qu'elles en viendront à représenter une référence mondiale. Ensemble, nous sommes engagés dans l'exploration d'un espace éducatif qui combine architecture et enseignement mixte, design, information et informatique, paysages et force combinée d'une communauté réunissant plus de cent cultures.

En 2012, Martin Duplantier collaborait avec David Chipperfield Architects pour créer, à l'entrée du campus HEC, le bâtiment de 126 mètres communément appelé bâtiment S. On a vanté le cadre d'apprentissage ouvert de ses 9 500 mètres carrés, ses espaces de travail technologiques avancés et son extérieur ultramoderne. L'année dernière, Martin Duplantier a terminé l'élégante résidence du bâtiment N et a plusieurs projets en cours sur le campus, qui fonctionnent comme des réservoirs d'idées et de personnes. Dans ses projets architecturaux pour le campus du futur, la connaissance, l'intangible et l'immatériel s'imbriquent tous parfaitement en un paysage d'apprentissage global.

À HEC Paris, nous explorons les moyens de faire fusionner les expériences virtuelles et réelles que vivent les étudiants, les cadres supérieurs, les professeurs et les universitaires invités au sein de la salle de classe. À quoi ressemblera demain cet environnement d'apprentissage et d'enseignement à la fois numérique et traditionnel ? Nous pensons que ce nouveau paysage intégrera un savant mélange de technologies numériques et d'échanges traditionnels en classe.

Depuis 2013, nous élargissons notre offre d'enseignement mixte grâce à un nombre croissant de MOOC et à l'introduction de l'un des premiers masters en ligne au monde. En même temps, notre personnel s'est formé au concept de télétravail. Nos télétravailleurs ont compris les avantages des médias électroniques et passent de leur espace de travail sur le campus à leur lieu de travail personnel. Ces deux évolutions répondent aux réalités d'un monde de l'enseignement du commerce en pleine mutation à l'ère numérique.

Peter Todd

HEC Paris continuera à proposer un cadre unique aux étudiants les plus talentueux venus des quatre coins du monde et sélectionnés avec rigueur et équité. Sur le campus de demain, l'école de commerce explorera de nouvelles conceptions de l'espace où instaurer des méthodes innovantes d'apprentissage et d'enseignement. Elle s'adaptera au nombre croissant d'apprenants « en mouvement », exploitant les appareils mobiles, les ressources d'apprentissage en ligne et la littérature numérique. Nous intégrerons les réalités d'un calendrier étudiant dense, aux déplacements fréquents, des espaces physiques vers les virtuels, et inversement. Nos professeurs combineront des échanges formels en classe avec des sessions de coaching en direct sur internet.

Notre campus du futur encouragera l'unification d'une population d'étudiants/de personnels dans l'une des écoles de commerce les plus cosmopolites au monde. Cette unité, au sein d'une version moderne du concept d'agora grecque, se cristallisera autour d'une tour de Babel de langues et de cultures. La communauté HEC de demain maintiendra la tradition consistant à se sentir partie d'une famille. Depuis 1964, le campus boisé de 340 hectares de HEC à Jouy-en-Josas constitue un centre géographique. Là, se combinent l'esthétique de notre magnifique environnement physique – avec les bois du campus, les champs, les lacs, le château et les bâtiments modernes – et les racines composites de la famille HEC. À l'avenir, nous espérons sortir des frontières qui délimitent nos salles de classe, nos espaces de recherche, nos bureaux administratifs, nos zones d'étude, nos aires récréatives et nos espaces de transition.

Nous visons à dépasser ce campus et à consolider les ponts qui nous lient à notre environnement immédiat au sein du cluster Paris-Saclay, auquel nous appartenons. Ce hub, qui fait partie des huit plus grands pôles technologiques mondiaux, accueille un sixième des emplois de R&D en France et produit 3 % des publications scientifiques mondiales. Il est par ailleurs fortement lié aux écosystèmes uniques qu'offrent Paris, Versailles et La Défense, le plus grand centre d'affaires européen.

En même temps, notre campus du futur cherche à rassembler tous ces éléments et à les mettre en harmonie avec le passé et le présent, le rural et l'urbain. Nous allons concevoir un campus de demain qui sera un modèle d'architecture et qui transmettra notre engagement inébranlable aux futures générations d'étudiants : partageant notre excellence académique, notre diversité et notre tolérance, ainsi que la fierté pour notre histoire unique datant d'un siècle et demi.

LE CAMPUS HEC DE DEMAIN

I I

To live the HEC campus, one must first cross its green spaces. They are places of passage, of encounter, of informal learning. Pour vivre le campus HEC, il faut d'abord traverser ses espaces verts, des lieux de passage, de rencontre et d'apprentissages informels.

Library

Paul-Marie

FROM “SHOPKEEPERS” TO THE FIELDS

THE ÉCOLE DES HAUTES ÉTUDES COMMERCIALES’ TRANSFER TO JOUY-EN-JOSAS

Christian Hottin

32

> "As far as our future students are concerned, we know that in order to be studious, one must not be disturbed; one must have time for oneself and to be able to carry on with one's work.Consequently, we make the suggestion that you establish your school outside of Paris, but at a distance short enough for our student's parents to visit their children as often as necessary. A few kilometers from Paris, we will easily find a suitable place, adequately umbrageous, offering all the living amenities and the comfort required so that the greatest number of our professors may settle there with their families[1]."

It is in these terms that the issue of the future École des Hautes Études Commerciales was first raised by Paris' Chamber of Commerce. Its ambition is to create, in mimicry of its elder sibling, the École Centrale desArts et Manufactures[2], going back, after the defeat of 1871, to a project already outlined in 1869. The idea of settling outside of the capital is very precious to J.-C. Levoit, since the following year he wrote: "A small provincial town, but not too distant from the capital. There, students would find the quiet necessary for serious studies, and an existence outside of the agitation of politics and of a life of pleasure[3]."

The will to build a higher education institution outside of Paris was truly visionary for the year 1875. It is not surprising that this ambition was not followed through, even when a short time from then, the École Centrale, an avowed model for the HEC project, installed its new premises barely a few hundred meters from its primitive premises at the Hôtel de Juigné[4]: the new HEC school was looking to settle on the Monceau plain, quite far from the "industrial Sorbonne" composed by the Arts et Métiers and the Arts et Manufactures. At the same time, after many aborted projects and several hesitations, the decision was taken to rebuild the Sorbonne on the same site as the Lemercier's college[5], a choice which Louis Liard, who became the superintendent, criticized much later, regretting that it was not decided to transfer the university in the Parc de Saint-Cloud's extensive wooded areas[6]. Prior to 1914, the creation of a State school in the suburbs was only imaginable for institu-

1 Archives from the Chamber of Commerce and Industry of Paris (from now on CCIP Archives), I-2-74(1). Official report on the School commission on Saturday 18 November 1876. Report by J.-C. Levoit.

2 See Jean-François Belhoste (dir.), *Le Paris des Centraliens, bâtisseurs et entrepreneurs,* Paris, Délégation à l'action artistique de la Ville de Paris, 2004.

3 Société nationale d'éducation de Lyon, *Projet de fondation en France d'un Institut des hautes études commerciales. Rapport de la commission sur les résultats de l'enquête,* Lyon, imprimerie rue de Condé, 1877, p. 34.

4 See Christian Hottin, "La maison des abeilles. L'École centrale des arts et manufactures rue Montgolfier et rue Conté (1889-1969)", in J.-F. Belhoste, *Le Paris des Centraliens, op. cit.*, p. 43–48.

5 Christian Hottin, *Les Sorbonne. Figures de l'architecture universitaire à Paris,* Paris, Publications de la Sorbonne, 2015 (collection Locus solus, no. 3).

6 Louis Liard, *L'Université de Paris,* Paris, H. Laurens éditeur, 1909, t. I, p. 97.

tions destined to play a secondary role in training the nation's elite, whether they were for women (the ENS in Sèvres), "elite primaries[7]" (the ENS in Saint-Cloud) or both (the ENS in Fontenay-aux-Roses).

Half a century and two world wars later, land-use planning became the object of reasonable and ambitious policy, and more or less spontaneous projects to transfer schools on the outskirts were multiplying. HEC went from dream to reality and faced what was presented by the institution's governing body as a challenge, which it accepted. It was a symbol as much as a means to modernize the institution: the transfer to the Château Mallet estate, in an "adequately umbrageous" site that would not have been disliked by the founders.

The preparatory conditions, the execution and the reception of this transfer are what will be analyzed here. After having briefly reminded what was the material situation of the École in Paris, attention will be devoted to the debates and projects that have driven the leaders of both the École and the Chamber of Commerce in the 1950s. While the issue of transferring higher education institutions outside of the capital became a major preoccupation for the Ministère de l'Éducation Nationale, and while partial or total relocation projects were multiplying, HEC closely articulated reflections on the evolution of study programs and teaching methods, as well as on the material conditions for knowledge transmission. Simultaneously pioneering and innovative, the decision to abandon Paris for the outer suburbs was not without creating some concerns and many organizational problems, efficiently resolved as evidenced by the success of René-André Coulon's campus. While the construction was overall well-received by backers and by both the mainstream and specialized press and while the campus was positively appropriated by new generations of students, the social effects induced by this architecture must be examined. Under the guise of breaking with the ancient "Jesuit college" model, while moving closer to Anglo-Saxon standards which were establishing themselves as models for decision-makers and architects in France during the Glorious Thirty, didn't the Jouy-en-Josas campus ultimately produce a *false break*, in that it made possible the development of social relations focused on a kind of "self-segregation" in an even more exclusive manner than settling at the heart of the bourgeois Paris would have entailed?

7 Georges Cans, *Le Monde*, 24 November 1982, quoted in Jean-Michel Gaillard, *Tu seras président mon fils. Anatomie des grandes écoles et malformation des élites*, Paris, Ramsay, 1987, p. 40.

8 Founded in 1818, the École Spéciale de Commerce de Paris was inaugurated in 1821 in the heart of the old Paris, in the Hôtel de Sully, Rue Saint-Antoine. In 1898, it moved to the Avenue de la République, which is still its current address.

9 Jules Siegfried, "L'enseignement commercial en France", *Revue des deux mondes*, 1 September 1906, p. 63–99, at p. 82.

A *grande école* outside of the Latin Quarter?

The École des Hautes Études Commerciales was inaugurated on 4 December 1881. Far from being located in the periphery, as recommended by reports from the previous decade, it found refuge in brand new premises that were specifically built for it in the heart of the Monceau plain. The location can still be qualified as audacious for the time. Other than the École Centrale des Arts et Manufactures, already mentioned, the Republic's specialized schools were all headquartered in the 5th or 6th *arrondissements*. The Écoles des Mines and des Ponts et Chaussées, the École Polytechnique and the École Normale Supérieure, which were soon joined by the Institut Agronomique, the École des Langues Orientales and the École des Chartes: all were located in the neighborhood of colleges, the Collège de France and the largest Parisian high schools. During the same years, the École Libre de Sciences Politiques and the École Coloniale were incubators for the future political and administrative elites and ended up settling on the margins of the Latin Quarter.

Thus, the choice of settling in the 17th *arrondissement* was unconventional, and it can only be compared with the decision to transplant the École Supérieure de Commerce de Paris[8] along a bourgeois avenue drawn in the heart of an industrious neighborhood, République, right in the middle of the 11th *arrondissement*. This relatively peripheral position must be correlated with the very marginal position held by the institution in the field of leadership schools prior to 1914. In fact, while Jules Siegfried saw in it a genuine "business university" for France, "luxuriously housed in the superb building specifically built [for it][9]", its beginnings were modest, marked by the relatively low level of its students (selection through competitive exam was only permanently implemented in 1923). Along with Marc Nouschi, one may call it a "small *grande école*[10]". The architecture bears the mark of that hiatus between initially declared ambitions and a reality more ambiguous. The main entrance, on the prestigious Boulevard Malesherbes, presented all the characteristics of a high-class building, with its overall shape similar to a triumphal arch, its respect of the classic vocabulary (triglyphs and metopes friezes, medallions adorned with garlands and Corinthian pilasters) and the repetition on the pediment and on the uprights of the School's name. Yet, it was not incorporated into a façade commensurate with its monumentality, but it overlooked a shaded walkway that leads, 50 meters further, to the more modest rue de Tocqueville. Far from these dressed stone elevations, interior design and the main quadrangle with its sad inner courtyard with a metallic roof both bared the marks of modesty. In order to face the administration's

10 Marc Nouschi, *Histoire et pouvoir d'une grande école, HEC*, Paris, Robert Laffont, 1988, p. 17–27.

needs and to develop boarding, a second building was erected on the same street in 1929. Its façade was eight stories high, combining bricks and stone[11].

Reflections and reports, towards the transfer decision

After World War 2, Paris' Chamber of Commerce and the School's leadership, held for nearly 20 years by Maxime Perrin, a geography *agrégation* holder, hesitated on the choices required for the institution's future. In situ expansion was evoked several times, as it would have answered to some of the needs for faculty and for students' comfort[12], while Maxime Perrin pleaded for a move in the suburbs, without changing course content[13]. Yet it seems teaching methods were more and more at odds with pupils' expectations, as the latter would often deem the former archaic. Methods were also seen as not keeping up with transformations in the business world. Similarly, the institution's visual aspect seemed to completely mismatch its reputation and its ambitions: "When it comes to the School's aspect, considering the reputation enjoyed by its teaching abroad, the least that can be said is that it is not good publicity for our country[14]."

The "watershed moment[15]" occurred in 1956–1957. Emmanuel Mayolle[16], president of the CCIP's administrative commission, created a teaching board that oversaw the commission dedicated to examining the reforms relevant to the institution's life. At that time, the institution was led by President Mayolle's former assistant, Guy Lhérault, the first HEC director who came from the business sector[17]. Two reports, examined in a special session on 28 November 1957 by the CCIP, detail both the conditions for teaching reforms and for the transfer, the latter being subordinated to the former, as indicated by President Mayolle:

> "I'm happy today to thank the colleagues who have helped us, if I dare say, to put the horses back in front of the cart, that is to say, first studying the conditions for reform, modernization and revision of teaching given at the École des Hautes Études Commerciales, so that it may, in the present and in the future, answer to its vocation[18]."

11 CCIP Archives, I-2-74 (10 and 11).

12 The administrative commission has studied twice, in 1946 and 1950, the possibility of expanding on site following the "programme Lassalle" established in 1940. Each time, however, it concluded that moving would be the "optimal solution".

13 Marc Nouschi, *Histoire et pouvoir d'une grande école, op. cit.*, p. 90.

14 CCIP Archives, I-2-74 (12). Report on the School transfer project, 26 November 1954.

15 Marc Meuleau, *HEC, 1881-1981. Histoire d'une grande école,* Paris, Dunod/Jouy-en-Josas, HEC, 1981, p. 75.

16 Emmanuel Mayolle (1897–1980) was an industrialist active in the sector of soaps and perfumes. He participated in 1946 in the creation of the Conseil National du Patronat Français, for which he will be vice-president. A member of CCIP and its vice-president, he is also a member of the Conseil Économique et Social.

This particular report, entrusted to Jean Martin, concluded that teaching was ill adapted, that it was mostly archaic, that lectures were given too much importance and that it was necessary to develop teamwork and students' personal expression. Subsequently examining in his report the different financial options that were entailed by the teaching reform recommended in Jean Martin's report, President Mayolle concluded that, in the name of the administrative commission, "transferring the School was the ideal solution for the application of the new program[19]". After a debate, the CCIP's assembly voted a loan for the 3 billion Francs necessary to launch the project[20].

It is on the basis of these reports that the School's reform was rolled-out in 1958, orchestrated by its new director Guy Lhérault. It is organized around three focal points. The first was that of creating a permanent faculty with teachers attached to the institution and trained in American methods. The second was inventing new subjects "exclusive to HEC": marketing, management control, management fundamentals. Some subjects deemed obsolete were canceled, such as technology or the "merchandise course", disparaged by students. Simultaneously, lectures were downsized, in favor of "working in small groups, conducive to the affirmation of teamwork [with] fewer memorizing exercises and more practical applications[21]". Logically, transferring to a new site was the third focal point of this reform, the third "break" with the past.

The spirit of the transfer

Beyond the administrative process, which, from reports to debates and decisions lead to the launch of the suburban settlement project—at that time the precise location was still unknown—it is important to go back to the spirit which motivated those who were carrying out this endeavor. As early as 1954, President Mayolle defended the transfer using terms that very clearly echoed with the School's creators' own intentions:

> "Outside of Paris, an overpopulated city where one breathes with difficulty and that is not favorable to serious studies on account of its noise and movement, students will be placed in better working conditions, notably through quiet and ventilation. Such a settlement will contribute to enhanced schooling, on the level of physical development and of character[22]."

17 Marc Nouschi, *Histoire et pouvoir d'une grande école, op. cit.*, p. 91.
18 CCIP Archives, I-2-74 (12). Official report of the special session held on 28 Nov. 1957.
19 *Ibid.*
20 CCIP Archives, I-2-74 (12). [Timeline relative to the] transfer of the École des Hautes Études Commerciales.
21 Marc Nouschi, *Histoire et pouvoir d'une grande école, op. cit.*, p. 37. HEC was the first school in France to apply the case-study method invented in Harvard.
22 CCIP Archives, I-2-74 (12). Report on the School transfer project, 26 November 1954.

Mistrust of the city and its physical as well as moral dangers can be found here (a preoccupation which was present in other private higher education projects during the 19th and 20th centuries, with Lille's Catholic universities for example), but also the search for balance between studies and leisure time in the training of elite executives, with the objective of fostering individuals' global development[23].

To sum up, these arguments were not new, but they were reinforced by others, much more impregnated with the *Zeitgeist*:

> "Just as well, examples of such an evolution abound: it's the general solution, more or less, in Anglo-Saxon and Scandinavian countries, in Holland, where schools and universities are sometimes located far from cities, with mandatory residency for students and professors, but also, frequently, in the immediate proximity of urban centers, in a green and ventilated setting[24]."

Marc Nouschi and Marc Meuleau, historians who have reflected upon HEC's evolution after 1945, have the one like the other underlined the weight of the Anglo-Saxon model in the general economy of the institution's reforms[25]. Directors, executives, and professors stated genuine admiration for the methods and the organization of business education in the United States. They visited the East Coast as part of a study trip, visited Ivy League universities[26] and affirmed their desire to adjust this model to France. The fascination expressed by the business elites for this teaching system is the reflection of a fondness for North America widely present in the world of economic actors, as underlined by Luc Boltanski[27]. Yet, when it comes to private higher education, this is an ancient fondness which already motivated, in the previous century, those who spearheaded several initiatives narrowly linked to the industrial and business world: the École Centrale des Arts et Manufactures

23 For anyone familiar with academic argumentations about institutions' location, it is striking *a contrario* to realize that the intellectual synergy born from the rapprochement between knowledgeable institutions, systematically invoked to counter relocation projects or conversely to justify an entire move of services to a new site, is actually almost absent from the concerns of the project promoters. During debates on the transfer, at the most concerns were voiced about the notion that ESCP or ESSEC (still Parisian at the time) would benefit from HEC's departure by attracting better elements. Loneliness was not feared by HEC's leaders, they were more worried by the risk of competition. CCIP Archives, I-2-74 (12). Official report of the special session held on 28 November 1957.

24 CCIP Archives, I-2-74 (12). Report on the School transfer project, 26 November 1954.

25 See Marc Meuleau, *HEC, 1881-1981, op. cit.*, p.74, and Marc Nouschi, *Histoire et pouvoir d'une grande école, op. cit.*, p.35–36.

26 This is in reference to the group formed by the eight most reputable of New England's private universities. Their Ivy League nickname refers to the architecture of these institutions and in particular to the ivy that grows on the façades of their most venerable buildings, a symbol of their long existence and also of the quality of living conditions as well as academic excellence.

27 See Luc Boltanski, *Les Cadres. La formation d'un groupe social,* Paris, Éditions de Minuit, 1982, p.155–237.

in Paris or the entirety of Lille’s Catholic universities are a testimony to this. More original, however, was the attention devoted to recent State initiatives in terms of relocation:

> “In Paris, the process is already deeply on course. Without mentioning secondary institutions which are being built, along entirely modern concepts in Montgeron, Saint-Germain-en-Laye, Savigny-sur-Orge..., La Sorbonne, many scientific institutions and a new Cité Universitaire invade the region located South of the capital and along the Sceaux train line[28].”

It did not matter in this instance that the large construction projects evoked by President Mayolle were still in the planning phase, sometimes quite vague[29]. They were indeed part of a broad land use plan for Ile-de-France, which sought to favor Paris’ South-West outskirts as the principal area for the settlement of higher education institutions. Furthermore, several *grandes écoles* who were confronted with similar hardships than those encountered by HEC, notably Centrale and Polytechnique, started a reflection for their part on a potential move from the Boulevards des Maréchaux[30].

The transfer in acts

The transfer was costly: at the same time as decisions concerning teaching reforms and the School’s move were taken, Paris’ Chamber of Commerce voted in favor of a 3 billion Francs investment loan[31]. It was rolled out in three installments, in the following years, with different organizations (Caisse d’Épargne de Paris, Caisse des Dépôts et Consignations, Crédit Foncier de France). Following the first version of the architectural project’s presentation, the endeavor’s cost was however estimated at more than 6 billion Francs. It was necessary to come to terms with removing certain prestigious (auditorium) or leisure facilities (swimming pool)[32].

28 CCIP Archives, I-2-74 (12). Report on the School transfer project, 26 November 1954.

29 At this date, the idea of a Cité Universitaire in the Parc de Sceaux had already been abandonned, while the Faculty of Science, committed to a transfer project to Bagneux, burdened by former quarries, had difficulties to redeploy its personnel which was suffocating in the Sorbonne. It is only a few years later that the purchase of the Domaine d’Orsay, sequestered after its owner fled during the Liberation, will offer favorable conditions for material development. See Christian Hottin, *Les Sorbonne, op. cit.*, p. 282–285.

30 For a compared approach to these transfers, see Christian Hottin, “Les délices du campus ou le douloureux exil : trois grandes écoles parisiennes face à leur transfert (1950-1980)”, *Revue d’histoire de l’éducation:* “L’architecture scolaire, essai d’historiographie internationale” (Anne-Marie Châtelet & Marc Le Cœur dir.) no. 102, May 2004, p. 267–293. Online: http://histoire-education.revues.org/721, published on 2 January 2009, retrieved on 8 November 2017.

31 CCIP Archives, I-2-74 (12). Official report of the special session held on 28 Nov. 1957.

32 CCIP Archives, 561 W 339. HEC development commission, official report from the session held on 31 March.

Simultaneously, it was also required to prospect in different areas of Paris' region in view of finding the most appropriate site to welcome the new School. In April 1958, the CCIP launched a procedure to purchase a plot of land in Palaiseau, but the deal eventually fell through[33]. As early as July of the same year, attention was devoted to the Mallet's family[34] former estate in Jouy-en-Josas[35]. The plot of land was vast (110 hectares), densely wooded and well located. It seemed to fill all the desirable conditions, considering that in addition to the environment's quality; it also combined satisfactory access to public transportation and a relatively short distance from Paris. A visit by the CCIP's managing team was planned for the beginning of 1959[36].

The architect René-André Coulon was chosen not long after, without the use of either competitive procedures or a competitive exam. He submitted a cost estimation as early as 13 April 1959, on the basis of the first program developed. Landscape artist Robert Joffet was chosen on equal terms in February 1960. René-André Coulon (1908–1997), head architect of civilian buildings and national palaces, was at the same time a stakeholder in several other large-scale projects for higher education institutions. With Urbain Cassan, Louis Madeline, Roger Séassal and not much later, Édouard Albert, he was part of the architect group tasked with designing the Faculty of Science of Paris-Centre, a site destined to welcome, thanks to André Malraux's vision and to dean Marc Zamansky's ambition, the most modern of Europe's science faculties, and at the same time, a contemporary museum gathering artworks from the most sought-after French creators at the time[37]. René-André Coulon was also in charge of the construction of Bordeaux's new Faculty of Science[38]. In Paris, things were of course quite far from what the CCIP's governing body was looking for HEC: Paris-Centre's Faculty of Science was a new "nouvelle Sorbonne", its monumentality was

33 CCIP Archives, I-2-74 (12). [Timeline relative to the] transfer of the École des Hautes Études Commerciales.

34 Originally from Rouen, the Mallet family found refuge in Geneva during the Reformation. It was at the origin of the foundation in 1713 of one of the main French business banks of the comtemporary period. Eminently representative of Protestant "high banking", it merges in 1966 with the De Neuflize, Schlumberger et Compagnie bank under the name NSM et Cie. Its heir, bank Neuflize OBC, is currently a subsidiary of Dutch company ABN-AMRO.

35 "3 July 1958: the necessary powers for the purchase of the plot of land in Jouy-en-Josas were obtained." CCIP Archives, I-2-74 (12). [Timeline relative to the] transfer of the École des Hautes Études Commerciales.

36 It occured on 9 July 1959. CCIP Archives, 561 W 339. Visiting the Jouy-en-Josas site, 9 July 1959. Invitation release.

37 See Christian Hottin, "De la 'halle aux vins' à l'université Pierre et Marie Curie. Brève et provisoire histoire de Jussieu", in Catherine Compain-Cajac (dir.), *Les Campus universitaires (1945-1975). Architecture et urbanisme, histoire et sociologie, état des lieux et perspectives*, Perpignan, Presses universitaires de Perpignan, 2015, p. 61–93 (collection Histoire de l'art, no. 7).

38 See Franck Delorme, "Faculté des sciences de Bordeaux, René-André Coulon architecte", *In Situ* [online], http://insitu.revues.org/932, published on 26 January 2012, retrieved on 8 November 2017.

crushing, it was built on a concrete slab[39] and its administration tower was supposed to evoke, as René-André Coulon explained later, "the French University's bell tower[40]". Bordeaux, however, was unquestionably a campus, comparable to many other French constructions from the same period, but the main differences with the Jouy-en-Josas operation reside in the lesser quality of the site chosen and in the absence of the financial affluence that characterized the Parisian project.

The State's control on the project was only exercised marginally, a situation which was in contrast with the very strong political stakes which were present, for instance, during the relocation of the École Polytechnique a few years later. The Comité de Décentralisation, referred to in October 1958, expressed a favorable opinion on the project. This support came however with a few conditions: on one hand it was not possible to transfer the premises left vacant in Paris to teaching missions undertaken by the CCIP, and, on the other, a reflection was launched for the creation in another city than Paris of an École des Hautes Études Commerciales of a comparable level to the Paris school. Bordeaux and Marseille, great merchant cities, applied as candidates, however, the project eventually fell through[41].

Finally, the transfer involved a great deal of discussion and arbitration on questions of personnel management. Compensation had to be anticipated in order to take into account a longer commute time or the move of technical and administrative teams essential to the School's life[42]. To these expenses was added the cost of constructing accommodation for service personnel that had to live on site. The issue of reimbursing professors' transportation costs turned out to be particularly laborious. In fact, courses relied on a large extent of professionals who would intervene on a punctual basis. It was not possible to build accommodation on campus, as it was imagined in the 19th century. The problem's resolution relied on a logistical (implementation of a bus service) and financial approach (travel allowance)[43]. Lastly, the alumni association had to be reassured, as it grew concerned about hiring difficulties for professors, competition with ESSEC and ESCP, the probable rupture with the Parisian intellectual milieu (as it would be impossible for students to follow additional courses). The argument of the transfer's moral benefits was even surprisingly turned upside down: "Is it not morally dangerous to isolate 900 boys in a small town in such a way [44]?"

39 See Virginie Picon-Lefebvre, *Paris–ville moderne, Maine-Montparnasse et La Défense (1950-1975)*, Paris, Norma, 2003, p. 185–188.

40 "L'architecture de Jussieu", *Le Saprophyte, le journal de Paris VII*, January 1973, p. 7.

41 CCIP Archives, I-2-74 (12). Partial copy of the official report of the decentralisation comittee of 22 December 1960.

42 Depending on the area in which people lived, the amount of compensation varied between 80 and 200 New Francs. Interview with Pierre Bernable, HEC, 17 June 1999.

43 CCIP Archives, 561 W 339. Official report from sessions of the HEC transfer study group, sessions held on 17 and 20 March 1962.

For the record, only the general appearance of the campus will be mentioned here. Naturally wooded and gently sloping towards a pond, the Jouy site was restrictive but very advantageous. Assisted by landscape artist R. Joffet, Coulon has positioned to the East the eleven detached houses which constituted residence halls, as well as collective facilities (restaurants, roofed sports ground, students' club). The study sector is located at the opposite end, in the campus' Western part; lecture halls and classrooms occupy a single-story building, there is a long rectangle pierced with patios that is connected to the great hall by a passageway, widely illuminated and covered in marble. The library is located above this prestigious space. Hereafter, a second passageway connects the hall to the administrative building[45]. The campus is like an ellipse where teaching and collective life stand on either end. However, its layout made access difficult and potentially encouraged inward-looking attitudes; indeed its main entrance, open on the plateau, was resolutely turning its back to the town of Jouy and to the train station along the Versailles-Massy railway[46].

Inauguration, receptions, representations

On 9 July 1964, the new HEC school is inaugurated by the Général de Gaulle, President of the Republic. This presidential anointing was also found in ceremonies dedicated to new settlements of schools which, after HEC, headed towards the outskirts of Paris: Georges Pompidou with Centrale in 1969, Valéry Giscard d'Estaing with Polytechnique in 1976. The event enjoyed broad press coverage, with comments ranging from the most favorable (*Le Figaro, L'Aurore*) to the most critical (*L'Humanité*[47]), via *Le Canard enchaîné*'s sarcasm[48]. The specialized architectural press also devoted articles to Coulon's construction[49]. The important number of visits, domestic and foreign, which followed one another in the months before and after the ceremony is also remarkable: HEC Montréal, MIT, Senshu University, Harvard, Laval, Stanford, the Institut d'Études Politiques de Paris, the École de Com-

44 CCIP Archives, 561 W 339. Letter from HEC's alumni association to the institution's director, 26 January 1960.

45 "Jouy-en-Josas. École des hautes études commerciales", *Techniques et architecture,* 25th serie, no. 1, March 1964, p. 119–121.

46 CCIP Archives, 561 W 335. École des Hautes Études Commerciales, Jouy-en-Josas estate, site plan [ca 1960].

47 On the subject of the President of the Republic's visit, the journalist from *L'Humanité* wrote: "One would look endlessly for the same interest for the other *grandes écoles* who are obviously guilty of not being buildings created and controlled by employers" (*L'Humanité,* 10 July 1964).

48 CCIP Archives, I-2-74 (12). Press clippings. "La cour. Garde à vue pour la visite royale", *Le Canard enchaîné,* July 1964.

49 "Jouy-en-Josas, École des hautes études commerciales", *op.cit.*; "L'École des hautes études commerciales à Jouy-en-Josas", *L'Architecture française,* March–April 1965, p. 271–272.

merce de Lyon (along with its architect). The school board of the École Polytechnique, itself on course towards a transfer, discovered the premises on 11 December 1964[50], and the directors of the *grandes écoles* were collectively invited the following 14 January[51].

Judged by this manifest interest, HEC's transfer appeared to be a success. It undeniably was, considering the path opened by the "shopkeepers" was imitated in the following years by many other schools, starting with those who were used as models for HEC's creation, such as the École Centrale de Paris, not to speak of those, such as Polytechnique, which appeared previously like places of power, incomparably more prestigious. It was even more of a success because the transfer was used by the School in its own discourse about itself in order to highlight its specific qualities, qualities which are precisely those which are expected of business leaders. To that extent, the tone was given as soon as the press release announcing the transfer was broadcast. According to HEC, it is always one step ahead:

> "Thus, innovating similarly than in 1881 by moving to Place Malesherbes, far from what was at the time the academic and educational center of Paris, the CCIP's initiative to transfer the School to Jouy-en-Josas marks a new step for the organization of academia in the Parisian region[52]."

The novelty constituted by the transfer was perceived by the institution's board, but also by those responsible for student life as a sign of the continuity of the institution's pioneering spirit, a proof of the conquering ideal that drives future business leaders. After the inauguration, the "high points" which gave rhythm to group life were used as "ties[53]" in order to anchor it in its new reality, all the while connecting it to the former School. For this reason, one may quote the introductory speech from the "Boom HEC 1965[54]", the first held in Jouy, where the party was presented as the new School's founding act:

> "The opportunity is unique and must be seized with enthusiasm, without waiting any longer: HEC's spirit is in Jouy and the Boom wants to be its symbol [...]. The first HEC Boom in Jouy is the

50 CCIP Archives, 561 W 342. Visits to the École des Hautes Études Commerciales in Jouy, September–December 1964.

51 CCIP Archives, 561 W 339. The participation of the Écoles des Mines, Normale Supérieure, Télécoms, Supaéro is confirmed, as well as that of the Institut National Agronomique.

52 CCIP Archives, 561 W 340. Press release about the transfer, 9 July 1963.

53 *Attaches* in French, in reference to the film *Attaches,* directed by students from Normale following the move of ENS Fontenay-Saint-Cloud to Lyon. *Attaches,* by François Ralle-Andréoli, Eli Commins, Joseph Confavreux, Vincent Lemire and Stéphanie Samson, Los Olivados films, ENS-LSH, 2000 (90 min).

54 The Boom is the School's annual party. There are themed bars, several orchestras and several organized activities. It is an opportunity for students to find financing among companies.

> achievement of the desire for unity which drives all of us, it is also the result of an effort to recover in these premises the very essence of HEC's traditional spirit."

And finally, more explicitly:

> "Therefore, the HEC Boom of 1965 has a double mission: that of underlining the final transfer to Jouy-en-Josas of the School's spirit, and finally that of demonstrating the permanence of the HEC spirit which is now presented with even broader horizons thanks to these facilities that are unique in Europe[55]."

The transfer theme will also be used during the "Boom 1967", significantly entitled *Go West,* but with a presentation text with bucolic inflections quite poorly aligned with the classical representation of the future young dynamic executive:

> "But if he enjoys country life, the young man spends most of his time, however, in the inhabited part of the estate, between 'classes' which he usually attends in the morning and the residence halls where are his room and his comfortable bed[56]."

When it comes to the restaurant, it also has its own appeal, considering "in winter, one goes there to stock up on energy in order to face both the hardships of winter and of the first semester[57]". An idyllic vision of life in Jouy which is however nuanced by some of the interviews conducted by Marc Nouschi: "We were all obsessed by the idea of wanting to get out of the campus, likened to a concentration camp of sorts[58]." A few years later, student revolt, notably organized at HEC by the charismatic Antoine Spire, did not spare the buildings any criticism.

These latent or explicit tensions encourage a reflection on the depth of the transformation achieved by HEC through the transfer, and on the relevance of the recurring reference to British and American campus models. By enabling quasi-self-sufficient living, this campus clearly differentiated itself from contemporary French academic facilities, solely devoted to teaching. It distinguished itself similarly from British and American campuses with its relationship to the city: indeed, it didn't follow the model of a university historically as one with a city, one narrowly interlinked to the other (Oxford and Cambridge representing the paradigm of these "city-universities") nor that of

55 "Mais la nature est là, qui t'invite et qui t'aime", *Boom HEC 1965,* Paris, Lang impr., 1965, p. 33.

56 "Go West", *Boom HEC 1967,* [1967].

57 *Ibid.*

58 Testimony from Dominique Cros, in Marc Nouschi, *Histoire et pouvoir d'une grande école, op. cit.,* p. 255.

"university-cities" that constitute an autonomous city-state included in a wider urban space (for instance Columbia in New York or Brussel's ULB[59]). On the contrary, the School sought to maintain a distant relationship with the city, as it was shown by the main entrance's position. From then on, sociability had to be developed exclusively among one's peers. By moving the School away from the capital, its leaders have accentuated (like with Centrale and Polytechnique) the characteristics that position these institutions closer to "total institutions", in Erving Goffman's sense[60]. Actually, this campus, along with the campuses of other relocated schools of the 1960s, must not be only appreciated with regard to the American penchant. The will to modernize teaching and the concern with creating comfortable living conditions are intimately linked with a search for continuity in the transmission of a collective spirit specific to the School, and, through modern architectural form, in the School's attractive representation. Comfortable, luxurious even, the School carried on functioning like a convent (in the fields) and to procure its boarders with that feeling of "continuous enveloping" evoked by Durkheim on the topic of Jesuit colleges[61].

Conclusion

In 1881, HEC's move outside of the Latin Quarter was less a marker of the innovative spirit of its pedagogical project than it was a consecration of the marginal position that business studies occupied at the time in the field of power. Conversely, the precociousness of settling on the periphery, intimately linked to the overhaul of this educational project, henceforth supplied with Anglo-Saxon references, contributed to position HEC at the heart of the *grandes écoles* system, readily summed up by the use of the suggestive term "le Carré d'As" (four aces), comprising Polytechnique, ENS, ENA, and HEC. At the heart of this configuration, HEC occupies a clearly liberal position, natively oriented towards the private sector, while Polytechnique and the ENA maintain relationships with the business world that are more complex, even ambiguous. The transfer has indisputably contributed in transforming HEC into a *grande*[62] and then *très grande école*. It was simultaneously the symbol and the means for this transformation.

59 See *ULB USA. Passé, présent et futur d'une fructueuse collaboration,* Brussels, ULB, 1996, and Isabelle Sirjacobs, "Architecture et urbanisme universitaires à Bruxelles", *Art et architectures publics,* Brussels, Mardaga, 1999, p. 54–62.

60 Erving Goffman, *Asiles,* Paris, Éditions de Minuit, 1968, p. 45–54.

61 Émile Durkheim, *L'Évolution pédagogique* (1938), quoted in Marc Nouschi, *Histoire et pouvoir d'une grande école, op. cit.,* p. 255.

62 Jean-Michel Gaillard, *Tu seras président mon fils, op. cit.,* p. 47.

ARCHIVES

ARCHIVES

46

46

1 In the heart of the elegant Plaine Monceau district, the main entrance to the École des Hautes Études Commerciales, on Boulevard Malesherbes, opens onto a shaded alley leading to the educational buildings.

1 Au cœur de l'élégant quartier de la plaine Monceau, l'entrée principale de l'École des hautes études commerciales, sur le boulevard Malesherbes, ouvre sur une allée ombragée qui conduit aux bâtiments d'enseignement.

2 While not particularly visible from Boulevard Malesherbes, the School presents passers-by its rear façade on Rue de Tocqueville, made of ashlar. Its general style is in harmony with that of the buildings on this street in a bourgeois district.

2 Peu visible depuis le boulevard Malesherbes, l'École offre en revanche au passant de la rue de Tocqueville sa façade arrière, en pierre de taille, dont le style général est en harmonie avec celui des immeubles de cette rue d'un quartier bourgeois.

3 During the inter-war period, at a time when the issue of student housing was beginning to be taken into account, HEC, like the École Centrale, had a residence built on Rue de Tocqueville for its students.

4 Far removed from the impression of grandeur suggested by its monumental entrance, the HEC school's architecture has a rather modest character in the heart of the islet, as shown by this metallic structure, which is likely to evoke a college or schoolyard.

3 Au cours de l'entre-deux-guerres, au moment où commencent à être prise en compte la question du logement étudiant, à l'instar de l'École centrale, HEC fait édifier rue de Tocqueville une résidence pour ses élèves.

4 Très éloignée de l'impression de grandeur que suggère son entrée monumentale, l'architecture de l'École présente au cœur de l'îlot un caractère assez modeste, comme le montre ce préau métallique, de nature à évoquer une cour de collège ou d'école.

5 The School library on Boulevard Malesherbes. The general atmosphere is less that of a research library than that of a documentation center. The collection is small, the wall map reinforces the place's pedagogical dimension.

5 La bibliothèque de l'École boulevard Malesherbes. L'ambiance générale est moins celle d'une bibliothèque de recherche que celle d'un centre de documentation. Le fonds est peu important, la carte murale renforce la dimension pédagogique du lieu.

6 **The School's lecture theater on Boulevard Malesherbes. Note the different features highlighting the place's versatility: tap and sink located behind the board for small experiments, maps suspended on the wall, illustrated educational panels on the side walls.**

7 **Science lecture theater at the Boulevard Malesherbes premises. The choice of a semicircular form was still common at the end of the 19th century.**

6 Amphithéâtre de l'École boulevard Malesherbes. On remarquera les différents dispositifs qui soulignent la polyvalence du lieu : robinet et lavabo situés derrière le tableau pour de petites expériences, cartes géographiques suspendues au mur, panneaux illustrés pédagogiques sur les murs latéraux.

7 Amphithéâtre des sciences dans les locaux du boulevard Malesherbes. Le choix d'une forme hémicirculaire est encore fréquent à la fin du XIXe siècle.

8 A student room in Rue de Tocqueville residence. Of particular note is the washbasin hidden behind a sliding panel, highlighted by the shooting angle.

8 Une chambre d'élève dans la résidence de la rue de Tocqueville. On remarquera en particulier le lavabo dissimulé derrière un panneau coulissant, que l'angle de vue permet de mettre en évidence.

9 **Lecture theater in Jouy-en-Josas.**
10 **Group work in a "comptoir" in Jouy. The informal nature of the exchange, which is facilitated by the arrangement of the tables, is underlined by the relaxed attitude of the students and by the position of the teacher, who stands close to them instead of facing them from a platform. Finally, it should be noted that the shot highlights the relaxing and wooded setting.**

9 Amphithéâtre à Jouy-en-Josas.
10 Travail de groupe dans un « comptoir » à Jouy. Le caractère informel de l'échange, que favorise la disposition des tables, est souligné par l'attitude détendue des élèves et par la position de l'enseignant, qui se tient à proximité des étudiants au lieu de leur faire face depuis une estrade. On notera enfin que la photographie met en valeur le cadre reposant et boisé.

11 Model of the entire Jouy campus. In the foreground are the management buildings and reception areas, in their extension the teaching facilities. In the background are the residence pavillions, scattered in the woods.

11 Maquette de l'ensemble du campus de Jouy. Au premier plan, les bâtiments de la direction et les espaces de réception, dans leur prolongement les locaux d'enseignement. À l'arrière-plan, les pavillons de la résidence, dispersés dans les bois.

12 The School's new buildings inauguration ceremony. Général de Gaulle is in the first row in the hall's elevated part.

13 Before the official speeches, on inauguration day. The lack of female attendance is noticeable, especially in the first rows.

12 La cérémonie d'inauguration des nouveaux bâtiments de l'École. Le général de Gaulle se trouve au premier rang dans la partie surélevée du hall.

13 Avant les discours officiels, le jour de l'inauguration. On remarquera la faible présence féminine dans l'assistance, notamment aux premiers rangs.

14 The new Jouy-en-Josas premises. One of the galleries of the educational building. The shot highlights the plastic qualities of Coulon's architecture, without regard for the unfinished state of the patios, whose soil is still turned over.

15 Jouy-en-Josas, the pavilion of honor. Fittings still need to be made.

14 Les nouveaux locaux de Jouy-en-Josas. Une des galeries du bâtiment d'enseignement. La photo met en valeur les qualités plastiques de l'architecture de Coulon, sans se soucier de l'état d'inachèvement des patios, dont la terre n'a pas encore été nivelée.

15 Jouy-en-Josas, le pavillon d'honneur. Les aménagements restent à faire.

The students' residence in Jouy-en-Josas. The rooms have individual washbasins. Two adjacent rooms have a common shower cubicle, which can be used by residents in turn.

16 La résidence des élèves à Jouy-en-Josas. Les chambres disposent de lavabos individuels. Deux chambres voisines ont une cabine de douche commune, utilisable à tour de rôle par les résidents.

DES « ÉPICIERS » AUX CHAMPS

LE TRANSFERT DE L'ÉCOLE DES HAUTES ÉTUDES COMMERCIALES À JOUY-EN-JOSAS

Christian Hottin

> « En ce qui concerne nos futurs élèves, nous savons que pour être studieux, il faut n'être pas dérangé ; il faut s'appartenir et pouvoir suivre son travail. En conséquence, nous vous proposons d'installer notre école en dehors de Paris, mais à une distance assez rapprochée pour que les parents de nos élèves puissent visiter aussi souvent que nécessaire leurs enfants. Il nous sera facile de trouver à quelques kilomètres de Paris un pays sain, bien ombragé offrant toutes les ressources d'habitation et de confort nécessaires pour que le plus grand nombre de nos professeurs puissent s'y installer avec leurs familles[1]. »

C'est en ces termes qu'est pour la première fois évoquée la question de la localisation de la future École des hautes études commerciales que la Chambre de commerce de Paris ambitionne de créer à l'imitation de son aînée, l'École centrale des arts et manufactures[2], reprenant après la défaite de 1871 un projet déjà esquissé en 1869. L'idée d'une installation hors de la capitale semble décidément tenir à cœur à J.-C. Levoit, puisqu'il évoque l'année suivante : « Une petite ville de province, mais peu éloignée de la capitale. Les élèves y trouveraient le recueillement nécessaire aux études sérieuses, et une existence en dehors des agitations de la politique ou de la vie des plaisirs[3]. »

Le souhait d'implanter un établissement d'enseignement supérieur hors de Paris est en 1875 proprement visionnaire. Il n'est guère surprenant que cette ambition n'ait pas été suivie d'effet, alors même que, à quelques temps de là, l'École centrale, modèle avoué du projet pour HEC, installe ses nouveaux locaux derrière le Conservatoire des arts et métiers, en plein 3e arrondissement à quelques centaines de mètres à peine de son local primitif de l'hôtel de Juigné[4] : la nouvelle École des hautes études commerciales trouve à s'établir dans la plaine Monceau, bien loin de cette « Sorbonne industrielle » que forment Arts et métiers et Arts et manufactures. Au même moment, après bien des projets avortés et biens des hésitations, la décision est prise de reconstruire la Sorbonne sur le site même du collège de Lemercier[5], un choix que Louis Liard, devenu recteur, critiquera bien plus tard, regrettant qu'on n'ait pas choisi de transférer l'université dans les vastes espaces boisés du parc de Saint-Cloud[6]. Avant 1914, la création

1 Archives de la Chambre de commerce et d'industrie de Paris (désormais Archives CCIP), I-2-74 (1), procès-verbal de la commission des écoles du samedi 18 novembre 1876, rapport de J.-C. Levoit.

2 Voir Jean-François Belhoste (dir.), *Le Paris des Centraliens, bâtisseurs et entrepreneurs,* Paris, Délégation à l'action artistique de la Ville de Paris, 2004.

3 Société nationale d'éducation de Lyon, *Projet de fondation en France d'un Institut des hautes études commerciales. Rapport de la commission sur les résultats de l'enquête,* Lyon, Imprimerie rue de Condé, 1877, p. 34.

4 Voir Christian Hottin, « La maison des abeilles, L'École centrale des arts et manufactures rue Montgolfier et rue Conté (1889-1969) », in Jean-François Belhoste (dir.), *Le Paris des Centraliens, op. cit.* p. 43-48.

5 Christian Hottin, *Les Sorbonne. Figures de l'architecture universitaire à Paris,* Paris, Publications de la Sorbonne, 2015, coll. Locus Solus, n° 3.

6 Louis Liard, *L'Université de Paris,* Paris, H. Laurens éditeur, 1909, t. I, p. 97.

d'écoles publiques en banlieue n'est imaginable que pour des établissements appelés à jouer un rôle secondaire dans la formation des élites de la nation, qu'ils concernent les femmes (l'ENS de Sèvres), les « primaires d'élites[7] » (l'ENS de Saint-Cloud) ou les deux (l'ENS de Fontenay-aux-Roses).

Un demi-siècle et deux guerres mondiales plus tard, alors que l'aménagement du territoire fait désormais l'objet d'une politique raisonnée et ambitieuse, et que se multiplient les projets plus ou moins spontanés de transfert d'écoles supérieures en périphérie, HEC passe du rêve à la réalité, et relève ce qui est présenté et assumé par les instances dirigeantes de l'établissement comme un défi, symbole tout autant qu'outil de la modernisation de l'institution : le transfert sur le domaine du château Mallet à Jouy-en-Josas, dans un site « bien ombragé » qui n'aurait pas déplu aux fondateurs.

Ce sont les conditions préparatoires, l'exécution et la réception de ce transfert que l'on désire analyser ici. Après avoir brièvement rappelé la situation matérielle de l'École à Paris, l'attention se portera sur les débats et projets qui ont animé dans les années 1950 dirigeants de l'École et de la Chambre de commerce. Alors que la question du transfert des établissements d'enseignement supérieur hors de la capitale devient une préoccupation majeure pour le ministère de l'Éducation nationale, et tandis que se multiplient les projets de délocalisation partielle ou totale, HEC articule étroitement réflexions sur l'évolution des programmes et des méthodes d'enseignement et sur les conditions matérielles de transmission des savoirs. À la fois pionnière et novatrice, la décision d'abandonner Paris pour la grande banlieue n'est toutefois pas sans créer des inquiétudes et de nombreux problèmes d'organisation, dont la résolution efficace est attestée par la réussite que constitue le campus conçu par René-André Coulon. Si la réception de l'œuvre, tant par les commanditaires que par la presse généraliste et spécialisée, est globalement favorable, de même qu'est dans l'ensemble positive l'appropriation des lieux par les nouvelles générations d'élèves, il faut s'interroger sur les effets sociaux induits par cette architecture. Sous couvert de rompre avec le modèle ancien du « collège jésuite » tout en se rapprochant des standards anglo-saxons qui s'imposent comme des modèles pour décideurs et architectes dans la France des Trente Glorieuses, le campus de Jouy-en-Josas ne produit-il pas en définitive une *fausse rupture,* rendant de fait possible l'épanouissement de relations sociales basées sur « l'entre-soi » de manière plus exclusive encore que ne le suggérait une implantation au cœur du Paris bourgeois ?

7 Georges Cans, *Le Monde,* 24 novembre 1982, cité dans Jean-Michel Gaillard, *Tu seras président mon fils. Anatomie des grandes écoles et malformation des élites,* Paris, Ramsay, 1987, p. 40.

8 Fondée en 1818, l'École spéciale de commerce de Paris est inaugurée en 1821 au cœur du Paris ancien, dans l'hôtel de Sully, rue Saint-Antoine. C'est en 1898 qu'elle gagne l'avenue de la République, une adresse qu'elle a conservée jusqu'à nos jours.

9 Jules Siegfried, « L'enseignement commercial en France », *Revue des deux mondes,* 1er septembre 1906, p. 63-99, à la p. 82.

10 Marc Nouschi, *Histoire et pouvoir d'une grande école, HEC,* Paris, Robert Laffont, 1988, p. 17-27.

Une « grande école » hors du quartier Latin ?

Le 4 décembre 1881 est inaugurée l'École des hautes études commerciales. Bien loin de se trouver en périphérie, comme le préconisaient les rapports de la décennie précédente, elle s'abrite dans les tout nouveaux locaux qui ont été édifiés pour elle au cœur de la plaine Monceau. Encore cette localisation peut-elle être qualifiée d'audacieuse pour l'époque. Hormis l'École centrale des arts et manufactures, déjà mentionnée, les écoles spéciales de la République ont toutes leur siège dans les 5e ou 6e arrondissements. Écoles des mines et des ponts et chaussées, École polytechnique et École normale supérieure, bientôt rejointes par l'Institut agronomique, l'École des langues orientales et l'École des chartes : toutes se trouvent au voisinage des facultés, du collège de France et des plus grands lycées parisiens. Dans les mêmes années, ces pépinières des futures élites politiques et administratives que sont l'École libre de sciences politiques et l'École coloniale trouvent à s'implanter sur les marges du quartier Latin.

Atypique est donc le choix d'une implantation dans le 17e arrondissement, qui ne peut guère être comparée qu'avec la décision de transplanter l'École supérieure de commerce de Paris[8] le long d'une avenue bourgeoise tracée au cœur d'un quartier industrieux, celle de la République, en plein 11e arrondissement. Cette position relativement périphérique est du reste à mettre en relation avec celle très marginale qu'occupe l'établissement dans le champ des écoles de pouvoir avant 1914. De fait, si Jules Siegfried voit en elle une véritable « faculté du commerce » pour la France, « luxueusement logée dans le superbe bâtiment construit à [son] intention[9] », ses débuts sont modestes, marqués par la faiblesse relative du niveau des élèves (la sélection par concours n'est définitivement instituée qu'en 1923). On peut avec Marc Nouschi la qualifier de « petite grande école[10] ». L'architecture porte la marque de ce hiatus entre les ambitions initiales affichées et une réalité plus ambiguë. L'entrée principale, sur le prestigieux boulevard Malesherbes, présente tous les caractères d'un style de grande tenue, avec sa forme générale d'arc de triomphe, son respect du vocabulaire classique (frise de triglyphes et métopes, médaillons chargés de guirlandes et cantonnés de pilastres corinthiens) et la répétition au fronton et sur les montants du nom de l'École. Reste qu'elle ne s'intègre dans aucune façade à la mesure de sa monumentalité, mais donne sur une allée ombragée qui conduit, cinquante mètres plus loin, aux bâtiments proprement dits. Ceux-ci n'ont de façade visible que sur l'arrière, vers la plus modeste rue de Tocqueville. Loin de ces élévations en pierre de taille, les aménagements intérieurs et la cour principale avec son triste préau métallique sont marqués du sceau de la modestie. Pour faire face aux besoins de l'administration et développer l'internat, un second bâtiment est édifié dans la même rue en 1929. Sa façade se développe sur huit niveaux mêlant brique et pierre[11].

11 Archives CCIP, I-2-74 (10 et 11).

Réflexions et rapports, vers la décision de transfert

Après la seconde guerre mondiale, la Chambre de commerce de Paris et la direction de l'École, qui aura pendant près de vingt ans à sa tête un agrégé de géographie, Maxime Perrin, hésitent sur les choix à faire pour l'avenir de l'établissement. À plusieurs reprises est évoqué un agrandissement *in situ,* qui permettrait de répondre aux besoins de l'enseignement et au confort des élèves[12], tandis que Maxime Perrin plaide pour un déménagement en banlieue, mais sans modifier le contenu des enseignements[13]. Il apparaît pourtant que ceux-ci sont de plus en plus en décalage avec les attentes des élèves, qui les jugent souvent archaïques, autant qu'avec les transformations du monde de l'entreprise. De même, l'aspect de l'établissement semble en complète inadéquation avec sa réputation et ses ambitions : « Quant à l'aspect de l'École, dont on connaît la réputation que possède à l'étranger son enseignement, le moins qu'on en ait dit est qu'il ne constitue pas une publicité heureuse pour notre pays[14]. »

Le « grand tournant[15] » se produit en 1956-1957. Emmanuel Mayolle[16], président de la commission administrative de la CCIP, crée une direction de l'enseignement qui chapeaute la commission dédiée à l'étude des réformes touchant la vie de l'établissement. Celui-ci a désormais à sa tête l'ancien assistant du président Mayolle, Guy Lhérault, premier directeur d'HEC à être issu des milieux d'affaires[17]. Deux rapports, examinés en séance exceptionnelle le 28 novembre 1957 par la CCIP, détaillent à la fois les conditions de la réforme des enseignements et celles du transfert. Le second étant subordonné au premier, comme l'indique le président Mayolle :

> « Je suis heureux aujourd'hui de remercier les collègues qui nous ont aidés, si j'ose dire, à remettre les bœufs devant la charrue, c'est-à-dire à étudier d'abord les conditions de la réforme, de la modernisation, de l'actualisation et de la révision de l'enseignement donné à l'École des hautes études commerciales, pour qu'elle puisse, dans le présent et dans l'avenir, répondre à sa vocation[18]. »

12 La commission administrative étudie par deux fois, en 1946 et 1950, la possibilité de l'agrandissement sur place, sur la base du « programme Lassalle », établi en 1940. À chaque fois cependant, elle conclut que le déménagement serait la « solution optimale ». Archives CCIP, I-2-74 (12), rapport sur le projet de transfert de l'École, 26 novembre 1954.

13 Marc Nouschi, *Histoire et pouvoir d'une grande école, op. cit.,* p. 90.

14 Archives CCIP, I-2-74 (12), rapport sur le projet de transfert de l'École, 26 novembre 1954.

15 Marc Meuleau, *HEC, 1881-1981. Histoire d'une grande école,* Paris, Dunod/Jouy-en-Josas, HEC, 1981, p. 75.

16 Emmanuel Mayolle (1897-1980) est un industriel actif dans le secteur des savons et parfums. Il participe en 1946 à la création du Conseil national du patronat français, dont il sera vice-président. Membre de la CCIP et vice-président de celle-ci, il est également membre du Conseil économique et social.

17 Marc Nouschi, *Histoire et pouvoir d'une grande école, op. cit.,* p. 91.

18 Archives CCIP, I-2-74 (12), procès-verbal de la séance exceptionnelle du 28 novembre 1957.

Ce rapport particulier, confié à Jean Martin, conclut à l'inadaptation des enseignements, à l'archaïsme de nombre d'entre eux, à la trop grande importance donnée aux cours magistraux ainsi qu'à la nécessité de développer le travail en groupe et l'expression personnelle des élèves. Étudiant ensuite en son rapport les différentes options financières qui découlent de la réforme des études préconisée par le rapport de Jean Martin, le président Mayolle conclut, au nom de la commission administrative, que « la solution idéale d'application du programme nouveau est le transfert de l'École[19] ». Après débat, l'assemblée de la CCIP vote l'emprunt de 3 milliards de francs nécessaire au lancement du projet[20].

C'est sur la base de ces rapports que se met en place à partir de 1958 la réforme de l'École, orchestrée par son nouveau directeur, Guy Lhérault. Elle s'organise autour de trois axes. Le premier est celui de la création d'un corps d'enseignants permanents attachés à l'établissement et formés aux méthodes américaines. Le deuxième est l'invention de matières nouvelles « propres à HEC » : marketing, contrôle de gestion, fondements du management. Certaines matières jugées obsolètes sont supprimées, telles que la technologie ou le « cours de marchandises », très décrié par les élèves. Simultanément, les cours magistraux sont réduits, au profit de « travaux en petits groupes, propices à l'affirmation d'un travail en équipe [avec] moins d'exercices de mémorisation, plus d'applications pratiques[21] ». De manière logique, le transfert sur un nouveau site est le troisième axe de cette réforme, la troisième « rupture » avec le passé.

L'esprit du transfert

Au-delà du processus administratif qui, de rapports en débats et en décisions, conduit au lancement du projet d'installation en banlieue – on ne sait alors pas encore où précisément –, il est important de revenir sur l'esprit qui anime les porteurs de cette volonté. Dès 1954, le président Mayolle avait défendu le transfert en des termes qui rappellent très clairement les intentions propres aux créateurs de l'École :

> « En dehors de Paris, ville surpeuplée, dans laquelle on respire mal et qui ne se prête pas, par son bruit et son mouvement, à des études sérieuses, les élèves seront placés dans des conditions de travail meilleures, notamment par le calme et l'aération. Une telle implantation contribuera à une formation plus totale, sur le plan de l'épanouissement physique et sur le caractère[22]. »

19 Archives CCIP, I-2-74 (12), procès-verbal de la séance exceptionnelle du 28 novembre 1957.

20 Archives CCIP, I-2-74 (12), chronologie relative au transfert de l'École des hautes études commerciales.

21 Marc Nouschi, *Histoire et pouvoir d'une grande école, op. cit.*, p. 37. HEC sera la première école en France à appliquer la méthode des études de cas inventée à Harvard.

22 Achives CCIP, I-2-74 (12), rapport sur le projet de transfert de l'École, 26 novembre 1954.

Se retrouvent ici méfiance vis-à-vis de la ville et de ses dangers physiques et moraux (une préoccupation qui est présente dans d'autres projets d'enseignement supérieur privés au cours des XIXe et XXe siècles, par exemple celui des facultés catholiques de Lille), mais également recherche pour la formation des cadres d'élite d'un équilibre entre études et loisirs, en vue d'un épanouissement global de l'individu[23].

Des arguments qui viennent de loin, en somme, mais qui sont renforcés par d'autres, bien plus imprégnés de l'air du temps :

> « Aussi bien, les exemples d'une telle évolution sont-ils extrêmement nombreux : c'est la solution générale, ou à peu près, dans les pays anglo-saxons, scandinaves, en Hollande, où les collèges et les écoles sont situés loin des villes parfois, avec résidence obligatoire pour les élèves et les professeurs, mais aussi, fréquemment, à proximité immédiate des centres urbains, dans un cadre vert et aéré[24]. »

Les historiens qui se sont penchés sur l'évolution d'HEC après 1945, Marc Nouschi et Marc Meuleau, ont l'un comme l'autre souligné la prégnance du modèle anglo-saxon dans l'économie générale des réformes de l'établissement[25]. Dirigeants, cadres et enseignants professent une réelle admiration pour l'organisation et les méthodes de l'enseignement commercial aux États-Unis. Ils se rendent en voyage d'étude sur la côte est, visitent les universités de l'Ivy League[26] et affirment leur désir d'adapter ce modèle en France. La fascination exprimée par les élites commerciales pour ce système d'enseignement reflète un tropisme nord-américain largement présent dans le monde des acteurs économiques, comme l'a souligné Luc Boltanski[27]. Reste que, en matière d'enseignement supérieur privé, ce tropisme est ancien et animait déjà, au siècle précédent, les porteurs de plusieurs initiatives étroitement liées au monde industriel et commercial : l'École centrale des arts et manufactures à Paris ou l'ensemble des facultés catholiques

23 Pour qui est familier des argumentaires universitaires sur la localisation des institutions, il est *a contrario* frappant de constater que la synergie intellectuelle qui naît du rapprochement des institutions savantes, systématiquement invoquée pour contrer les projets de délocalisation ou justifier au contraire un déménagement « en bloc » des services sur un site nouveau, est presque absente des préoccupations des porteurs du projet. Lors des débats sur le transfert, tout au plus s'inquiétera-t-on à l'idée que l'ESCP ou l'ESSEC (encore parisiennes à cette date) ne profitent du départ d'HEC pour attirer de meilleurs éléments. La solitude n'est pas la crainte des dirigeants d'HEC, le risque de concurrence les préoccupe davantage. Archives CCIP, I-2-74 (12), procès-verbal de la séance exceptionnelle du 28 novembre 1957.

24 CCIP, I-2-74 (12), rapport sur le projet de transfert de l'École, 26 novembre 1954.

25 Voir Marc Meuleau, *HEC, 1881-1981, op. cit.*, p. 74, et Marc Nouschi, *Histoire et pouvoir d'une grande école, op. cit.*, p. 35-36.

26 Il s'agit du groupe formé par les huit universités privées les plus renommées de Nouvelle-Angleterre. Leur surnom de « ligue du lierre » renvoie notamment à l'architecture de ces établissements, et plus particulièrement au lierre qui pousse sur les façades de leurs plus vénérables bâtiments, symbole à la fois d'ancienneté, de qualité du cadre de vie et d'excellence universitaire.

27 Voir Luc Boltanski, *Les Cadres. La formation d'un groupe social,* Paris, éditions de Minuit, 1982, p. 155-237.

de Lille en témoignent. Plus originale est en revanche l'attention portée aux initiatives récentes de l'État en matière de délocalisation :

> « À Paris, le mouvement est déjà profondément engagé. Sans parler des établissements secondaires qui s'édifient, selon des conceptions toutes modernes, à Montgeron, Saint-Germain-en-Laye, Savigny-sur-Orge… La Sorbonne, de nombreux établissements scientifiques, une nouvelle Cité universitaire envahissent la région située au sud de la capitale et desservie par la ligne de Sceaux[28]. »

Peu importe, pour le coup, que les grands chantiers évoqués par le président Mayolle ne soient encore qu'à l'état de projets parfois encore bien vagues[29]. Ils s'inscrivent effectivement dans un vaste plan d'ensemble d'aménagement du territoire francilien, qui vise à privilégier la banlieue sud-ouest de Paris comme principal lieu d'implantation des établissements d'enseignement supérieur. En outre, plusieurs grandes écoles qui se trouvent confrontées à des difficultés semblables à celles que connaît HEC, notamment Centrale et Polytechnique, réfléchissent de leur côté à un éventuel déménagement à l'extérieur des boulevards des Maréchaux[30].

Le transfert en actes

Le transfert coûte cher : en même temps que sont prises les décisions concernant la réforme des enseignements et le déménagement de l'École, la Chambre de commerce et d'industrie de Paris vote le lancement d'un emprunt d'investissement de 3 milliards de francs[31]. Celui-ci va être réalisé par tranches, au cours des années suivantes, auprès de différents organismes (Caisse d'Épargne de Paris, Caisse des Dépôts et Consignations, Crédit Foncier de France). À la suite de la présentation des premières versions du projet architectural, le coût de l'entreprise est toutefois évalué à plus de 6 milliards de francs. Il faut se résoudre à la suppression de certains équipements de prestige (auditorium) ou de loisirs (piscine)[32].

28 Archives CCIP, I-2-74 (12), rapport sur le projet de transfert de l'École, 26 novembre 1954.

29 À cette date, l'idée d'une Cité universitaire dans le parc de Sceaux est déjà abandonnée, tandis que la faculté des sciences, engagée dans un projet de transfert à Bagneux, sur un site grevé par d'anciennes carrières, peine à redéployer ses services qui étouffent en Sorbonne. Ce n'est que quelques années plus tard que l'acquisition du domaine d'Orsay, placé sous séquestre après la fuite de son propriétaire à la Libération, lui offrira des conditions favorables de développement matériel. Voir Christian Hottin, *Les Sorbonne, op. cit.*, p. 282-285.

30 Pour une approche comparée de ces transferts, voir Christian Hottin, « Les délices du campus ou le douloureux exil : trois grandes écoles parisiennes face à leur transfert (1950-1980) », *Revue d'histoire de l'éducation :* « L'architecture scolaire, essai d'historiographie internationale », Anne-Marie Châtelet et Marc Le Cœur (dir.), n° 102, mai 2004, p. 267-293. Texte mis en ligne le 2 janvier 2009, consulté le 8 novembre 2017 : http://histoire-education.revues.org/721.

31 Archives CCIP, I-2-74 (12), procès-verbal de la séance exceptionnelle du 28 novembre 1957.

32 Archives CCIP, 561 W 339, commission d'aménagement de l'École des hautes études commerciales, procès-verbal de la séance du 31 mars 1960.

Il faut, simultanément, prospecter en différents points de la région parisienne en vue de repérer le site le plus approprié pour accueillir la nouvelle École. En avril 1958, la CCIP entame une procédure pour acquérir un terrain à Palaiseau, mais l'affaire n'est finalement pas conclue[33]. Dès juillet de la même année, l'attention se porte sur l'ancien domaine de la famille Mallet[34] à Jouy-en-Josas[35]. Le terrain est vaste (110 hectares), largement boisé et bien situé. Il semble remplir toutes les conditions souhaitables puisque, à la qualité du cadre, il joint une desserte satisfaisante par les transports en commun et un éloignement relatif de Paris. Une visite de l'équipe dirigeante de la CCIP est programmée au commencement de l'année 1959[36].

L'architecte, René-André Coulon, est choisi peu après, sans mise en concurrence ni lancement d'un concours. Il remet dès le 13 avril 1959 un devis estimatif, sur la base du premier programme élaboré. Le paysagiste Robert Joffet sera choisi dans les mêmes conditions en février 1960. René-André Coulon (1908-1997), architecte en chef des bâtiments civils et palais nationaux, est à la même époque partie prenante dans plusieurs autres grands projets pour des établissements d'enseignement supérieur. Avec Urbain Cassan, Louis Madeline, Roger Séassal et, bientôt, Édouard Albert, il fait partie du groupe d'architectes chargé de la conception de la faculté des sciences de Paris-centre, un site destiné à accueillir, grâce à la vision d'André Malraux et à l'ambition du doyen Marc Zamansky, la plus moderne des facultés scientifiques d'Europe et, en même temps, un musée d'art contemporain rassemblant des œuvres des créateurs français les plus en vue de l'époque[37]. René-André Coulon est également en charge de la réalisation de la nouvelle faculté des sciences de Bordeaux[38]. À Paris, on est très loin, bien entendu, de ce que les instances dirigeantes de la CCIP recherchent pour HEC : la faculté des sciences de Paris-centre est une nouvelle « nouvelle Sorbonne », d'une monumentalité écrasante, construite sur dalle[39], dont la tour d'administration est supposée évoquer,

33 Archives CCIP, I-2-74 (12), chronologie relative au transfert de l'École des hautes études commerciales.

34 Originaire de Rouen mais réfugiée à Genève au temps de la Réforme, la famille Mallet est à l'origine de la fondation, en 1713, de l'une des principales banques d'affaires françaises de la période contemporaine. Éminente représentante de la « haute banque » protestante, elle fusionne en 1966 avec la banque De Neuflize, Schlumberger et Compagnie sous l'enseigne NSM et Cie. Son héritière, la banque Neuflize OBC, est aujourd'hui une filiale de la société néerlandaise ABN-AMRO.

35 « Le 3 juillet 1958 : obtention des pouvoirs nécessaires à l'acquisition du terrain de Jouy-en-Josas », Archives CCIP, I-2-74 (12), chronologie relative au transfert de l'École des hautes études commerciales.

36 Elle a lieu le 9 juillet 1959. Archives CCIP, 561 W 339, visite du site de Jouy-en-Josas, 9 juillet 1959, dossier d'invitation.

37 Voir Christian Hottin, « De la "halle aux vins" à l'université Pierre et Marie Curie, brève et provisoire histoire de Jussieu », in Catherine Compain-Cajac (dir.), *Les Campus universitaires (1945-1975). Architecture et urbanisme, histoire et sociologie, état des lieux et perspectives,* Perpignan, Presses universitaires de Perpignan, coll. Histoire de l'art, n° 7, 2015, p. 61-93.

38 Voir Franck Delorme, « Faculté des sciences de Bordeaux, René-André Coulon architecte », *In Situ* [en ligne], 26 janvier 2012, consulté le 8 novembre 2017 : http ://insitu.revues.org/932.

dira plus tard René-André Coulon, « le beffroi de l'Université française[40] ». Bordeaux, en revanche, est indiscutablement un campus, comparable à beaucoup d'autres réalisations françaises de la même période ; les principales différences avec l'opération de Jouy-en-Josas résident dans la qualité moindre du site choisi et dans l'absence d'aisance financière qui caractérise au contraire le projet parisien.

Le contrôle de l'État sur le projet ne s'exerce que de manière marginale, situation qui contraste avec les très forts enjeux politiques présents, par exemple, lors de la délocalisation de l'École polytechnique quelques années plus tard. Le comité de décentralisation, saisi en octobre 1958, émet un avis favorable sur le projet. Cet avis est toutefois assorti de quelques conditions : les locaux parisiens laissés vacants ne pourront être réaffectés à des missions d'enseignement exercées par la CCIP d'une part, et, d'autre part, une réflexion sera lancée pour la création en province d'une école des hautes études commerciales d'un niveau comparable à celle de Paris. Grandes cités marchandes, Bordeaux et Marseille se portent candidates, mais le projet n'aboutira finalement pas[41].

Enfin, le transfert implique un grand nombre de discussions et d'arbitrages sur les questions de gestion du personnel. Des indemnités doivent être prévues pour prendre en compte l'allongement du temps de transports ou le déménagement des équipes techniques et administratives essentielles à la vie de l'École[42]. Ces frais s'ajoutent à la construction de logements pour le personnel de service devant habiter sur place. La question de la prise en charge des déplacements des professeurs se révèle particulièrement ardue. En effet, l'enseignement fait largement appel à des professionnels qui interviennent de manière ponctuelle. On ne peut envisager de construire sur le campus des logements pour les enseignants, comme cela avait été imaginé au XIXe siècle. La résolution du problème suppose à la fois une approche logistique (mise en place de navettes) et financière (indemnités de déplacements)[43]. Enfin, il faut calmer les inquiétudes de l'association des anciens élèves, qui redoute des difficultés de recrutement pour les professeurs, la concurrence de l'ESSEC et de l'ESCP, la coupure probable avec le milieu intellectuel parisien (impossibilité pour les élèves de suivre des enseignements complémentaires). L'argument des bienfaits moraux du transfert est même étonnamment renversé : « N'est-il pas moralement dangereux d'isoler ainsi 900 garçons dans une petite agglomération[44] ? »

39 Voir Virginie Picon-Lefebvre, *Paris – ville moderne, Maine-Montparnasse et La Défense (1950-1975)*, Paris, Norma, 2003, p. 185-188.

40 « L'architecture de Jussieu », *Le Saprophyte, le journal de Paris VII*, janvier 1973, p. 7.

41 Archives CCIP, I-2-74 (12), copie partielle du procès-verbal de la réunion du comité de décentralisation du 22 décembre 1960.

42 Selon la zone d'habitation de la personne concernée, le montant de la prime varie entre 80 et 200 nouveaux francs. Entretien avec Pierre Bernable, HEC, 17 juin 1999.

43 Archives CCIP, 561 W 339, procès-verbaux des séances du groupe de travail « transfert HEC », séances des 17 et 20 mars 1962.

44 Archives CCIP, 561 W 339, lettre de l'association des anciens élèves d'HEC au directeur de l'établissement, 26 janvier 1960.

On ne rappellera ici que pour mémoire la physionomie générale du campus. Naturellement boisé et s'étendant en pente douce vers un étang, le site de Jouy est contraignant mais très avantageux. Assisté du paysagiste R. Joffet, Coulon a disposé à l'est les onze pavillons de la résidence et, au-delà, les équipements collectifs (restaurants, terrains de sports couverts, club des élèves). Le secteur des études se situe à l'opposé, dans la partie occidentale du campus ; amphithéâtres et salles de cours occupent un édifice de plain-pied, long rectangle percé de patios, qu'un passage relie au grand hall, largement éclairé et couvert de marbre. Au-dessus de cet espace de prestige se trouve la bibliothèque. Au-delà, un second passage relie le hall au bâtiment de l'administration[45]. Le campus est pareil à une ellipse dont l'enseignement et la vie collective seraient les deux foyers. Il présente toutefois une implantation qui en rend l'accès difficile et peut inviter au repli sur soi ; en effet, son entrée principale, ouverte sur le plateau, tourne résolument le dos au bourg de Jouy et à la station de la ligne de chemin de fer Versailles-Massy[46].

Inauguration, réceptions, représentations

Le 9 juillet 1964, la nouvelle École est inaugurée par le général de Gaulle, président de la République. Cette onction présidentielle se retrouvera dans les cérémonies dédiées aux nouvelles installations des écoles qui, après HEC, prendront le chemin de la banlieue parisienne : Georges Pompidou avec Centrale en 1969, Valéry Giscard d'Estaing avec Polytechnique en 1976. L'événement bénéficie d'une large couverture par la presse, les commentaires allant du plus favorable (*Le Figaro, L'Aurore*) au plus critique (*L'Humanité*[47]) en passant par les sarcasmes du *Canard enchaîné*[48]. La presse spécialisée architecturale consacre elle aussi des articles à la réalisation de Coulon[49]. Est surtout particulièrement remarquable le nombre important de visites, tant étrangères que françaises, qui se succèdent dans les mois précédant ou suivant la cérémonie : HEC Montréal, le MIT, l'université de Senshu, Harvard, Laval, Stanford, l'Institut d'études politiques de Paris, l'École de commerce de Lyon (avec son architecte).

45 « Jouy-en-Josas, École des hautes études commerciales », *Techniques et architecture,* 25e série, n° 1, mars 1964, p. 119-121.

46 Archives CCIP, 561 W 335, École des hautes études commerciales, domaine de Jouy-en-Josas, plan de situation [vers 1960].

47 Au sujet de la visite du président de la République, le journaliste de *L'Humanité* écrit : « On chercherait en vain le même intérêt pour les autres grandes écoles qui ont évidemment à ses yeux le grand tort de n'être pas des bâtiments créés et contrôlés par le patronat » (*L'Humanité,* 10 juillet 1964).

48 Archives CCIP, I-2-74 (12), coupures de presse [1964], « La cour, garde à vue pour la visite royale », *Le Canard enchaîné,* juillet 1964.

49 « Jouy-en-Josas, École des hautes études commerciales », *op.cit.* ; « L'École des hautes études commerciales à Jouy-en-Josas », *L'Architecture française,* mars-avril 1965, p. 271-272.

50 Archives CCIP, 561 W 342, visites de l'École des hautes études commerciales à Jouy, septembre-décembre 1964.

La direction de l'École polytechnique, elle-même engagée sur la voie du transfert, découvre les lieux le 11 décembre 1964[50], et les directeurs des grandes écoles sont reçus collectivement le 14 janvier suivant[51].

Jugé à l'aune de cette curiosité manifeste, le transfert d'HEC apparaît comme un succès. Il l'est indéniablement, puisque la voie ouverte par les « épiciers » sera imitée dans les années suivantes par bien d'autres écoles, à commencer par celles qui, telle l'École centrale de Paris, avaient servi de modèle pour la création d'HEC, pour ne rien dire de celles qui, à l'image de Polytechnique, apparaissaient jadis comme des lieux de pouvoir incomparablement plus prestigieux. Il l'est, plus encore, parce que le transfert est mobilisé, dans le discours que l'École porte sur elle-même, pour mettre en avant les qualités propres à celle-ci, qualités qui sont précisément celles attendues des dirigeants commerciaux. À cet égard, le ton est donné dès la diffusion du communiqué de presse annonçant le transfert. À l'en croire, HEC a toujours une longueur d'avance sur les autres :

> « Ainsi, de même que l'École avait innové en 1881 en s'installant place Malesherbes loin de ce qui était alors le centre universitaire et scolaire de Paris, l'initiative de la CCIP de transférer l'École à Jouy-en-Josas marque une nouvelle étape de l'organisation scolaire de la région parisienne[52]. »

La nouveauté que constitue le transfert est prise en compte par la direction de l'établissement, mais aussi par les responsables de la vie étudiante comme un indice de la continuité de l'esprit pionnier de celui-ci, une marque de l'idéal conquérant qui animera les futurs dirigeants d'entreprise. L'inauguration passée, les « temps forts » qui rythment la vie du groupe sont utilisés comme autant « d'attaches[53] » pour l'ancrer dans sa nouvelle réalité, tout en le reliant à l'ancienne École. À ce titre, on peut citer le discours introductif du « Boom HEC 1965[54] », le premier tenu à Jouy, dans lequel la fête est présentée comme l'acte fondateur de la nouvelle École :

> « La chance est unique, il faut la saisir avec enthousiasme et sans plus attendre : l'âme d'HEC est à Jouy et le Boom veut en être le symbole. [...] Le premier Boom HEC à Jouy est la concrétisation du désir d'unité qui nous anime tous, il résulte aussi d'un effort pour retrouver dans ces locaux l'essence même de l'esprit HEC traditionnel. »

51 Archives CCIP, 561 W 339, la participation des écoles des Mines, Normale supérieure, Télécoms, Supaéro est confirmée, ainsi que celle de l'Institut national agronomique.

52 Archives CCIP, 561 W 340, communiqué de presse du transfert, 9 juillet 1963.

53 En référence au film *Attaches,* réalisé par des élèves normaliens à la suite de l'installation à Lyon de l'ENS Fontenay-Saint-Cloud. François Ralle-Andréoli, Eli Commins, Joseph Confavreux, Vincent Lemire et Stéphanie Samson, *Attaches,* Los Olivados films, ENS-LSH, 2000, 90 min.

54 Le Boom est la fête annuelle de l'École. On y propose des bars à thème, plusieurs orchestres et animations. Il donne aux élèves l'occasion de trouver des financements auprès des entreprises.

Et enfin, plus explicitement :

> « Le Boom HEC de 1965 a donc une double mission : celle de marquer le transfert définitif à Jouy-en-Josas de l'âme de l'École, celle enfin de démontrer la permanence de l'esprit HEC qui voit s'offrir à lui des horizons plus vastes encore grâce à ces installations uniques en Europe[55]. »

Le thème du transfert sera repris lors du « Boom 1967 » significativement intitulé *Go West,* mais dont le texte de présentation a comme des inflexions bucoliques bien peu en phase avec la représentation classique du futur jeune cadre dynamique :

> « Mais s'il aime les plaisirs champêtres, le plus clair de son temps, toutefois, le jeune homme le passe dans la partie habitée de la propriété, entre les "études" où il se rend en général le matin et la résidence où il a sa chambre et son lit douillet[56]. »

Quant au restaurant, il a aussi ses charmes, puisque « l'hiver, on y fait des provisions d'énergie pour affronter les rigueurs de l'hiver et celles du premier semestre[57] ». Une vision idyllique de la vie à Jouy que nuancent toutefois certains des entretiens conduits par Marc Nouschi : « Nous étions tous obsédés par l'idée de vouloir sortir du campus, assimilé à une espèce de camp de concentration[58]. » Quelques années plus tard, la contestation étudiante organisée à HEC notamment par le charismatique Antoine Spire, n'épargne pas aux bâtiments son lot de critiques.

Ces tensions latentes ou explicites conduisent à s'interroger sur la profondeur de la transformation accomplie par HEC à l'occasion du transfert et sur la pertinence de la référence récurrente au modèle des campus anglais ou américains. En permettant de vivre quasiment en autarcie, ce campus se différencie nettement des installations universitaires françaises contemporaines, uniquement dévolues aux enseignements. Il se distingue pareillement des établissements anglais et américains dans son rapport à la ville : il ne réalise en effet ni le modèle de l'université qui fait corps historiquement avec la cité et s'imbrique étroitement avec elle (Oxford et Cambridge constituant le paradigme de ces « villes-universités ») ni celui des « universités-villes » qui forment une cité autonome incluse dans une forme urbaine plus vaste (par exemple Columbia à New York ou l'ULB de Bruxelles[59]).

55 « Mais la nature est là, qui t'invite et qui t'aime », *Boom HEC 1965,* Paris, Lang impr., 1965, p. 33.

56 « Go West », *Boom HEC 1967,* [1967], s. l., n. p.

57 *Ibid.*

58 Témoignage de Dominique Cros, cité dans Marc Nouschi, *Histoire et pouvoir d'une grande école, op. cit.,* p. 255.

59 Voir *ULB USA. Passé, présent et futur d'une fructueuse collaboration,* Bruxelles, ULB, 1996, et Isabelle Sirjacobs, « Architecture et urbanisme universitaires à Bruxelles », *Art et architectures publics,* Bruxelles, Mardaga, 1999, p. 54-62.

L'École cherche au contraire à entretenir une relation distante avec la ville, comme le montre le positionnement de l'entrée principale. La sociabilité doit désormais se développer exclusivement « entre soi ». En éloignant l'École de la capitale, ses dirigeants ont accentué (comme à Centrale ou à Polytechnique) les caractères qui rapprochent ces établissements des « institutions totales » au sens où l'entend Erving Goffman[60].

De fait, ce campus, tout comme ceux des autres écoles délocalisées dans les années 1960, ne doit pas être apprécié uniquement à l'aune du tropisme américain. La volonté de moderniser l'enseignement et le souci de créer un cadre de vie confortable sont intimement mêlés à une recherche de continuité dans la transmission d'un esprit collectif propre à l'École, et, sous une forme architecturale moderne, dans la représentation valorisante de l'institution. Confortable, luxueuse même, l'École continue de fonctionner comme un couvent (aux champs) et de procurer à ses pensionnaires ce sentiment « d'enveloppement continu » qu'évoque Durkheim à propos des collèges jésuites[61].

Conclusion

En 1881, l'installation d'HEC hors du quartier Latin constituait moins le marqueur de l'esprit novateur de son projet pédagogique qu'elle ne consacrait la position marginale que les études commerciales occupaient alors dans le champ du pouvoir. À l'inverse, la précocité de l'implantation en périphérie, intimement liée à la refonte de ce projet éducatif, désormais nourri de références anglo-saxonnes, contribue à installer HEC au cœur du dispositif des grandes écoles, volontiers résumé par l'expression suggestive du « carré d'as » (Polytechnique, ENS, ENA, HEC). Au sein de ce dispositif, HEC occupe un positionnement clairement libéral, nativement tourné vers le secteur privé, alors que Polytechnique ou l'ENA entretiennent avec le monde de l'entreprise des rapports plus complexes, voire ambigus. Le transfert a incontestablement contribué à transformer HEC en grande[62], puis en très grande école. Il en a été tout à la fois le symbole et l'outil.

60 Erving Goffman, *Asiles,* Paris, éditions de Minuit, 1968, p. 45-54.

61 Émile Durkheim, *L'Évolution pédagogique* (1938), cité dans Marc Nouschi, *Histoire et pouvoir d'une grande école, op. cit.,* p. 255.

62 Jean-Michel Gaillard, *Tu seras président mon fils, op. cit.,* p. 47.

II II

In the manner of a growing organism, the campus is constantly changing: the future can be glimpsed.
Tel un organisme en devenir, le campus se transforme en permanence : le futur s'entrevoit.

Centre
d'Entrepreneuriat

THE MODERNIST CAMPUS OF A *GRANDE ÉCOLE*

Virginie Picon-Lefebvre

100

As early as 1946, the École des Hautes Études Commerciales (HEC) noted the inadequacy between teaching and facilities. Correlated to the State's decentralizing will, it decided, in 1958, to leave Paris in favor of an ambitious program for the creation of a higher education campus on the Saclay plateau. In 1963, it was the very first *grande école* to establish itself on this site [cf. text by Christian Hottin]. The architect René-André Coulon (1908–1997), who later became Architecte en Chef des Bâtiments Civils et Palais Nationaux, was called upon by the Paris Chamber of Commerce to design this campus, drawing on his experience in this field with the Faculty of Science of Bordeaux, and later the Jussieu campus. Subsequently, other higher education institutions such as the University of Orsay joined the School by settling further South of the plateau. Located in the commune of Jouy-en-Josas, North of the plateau, the HEC campus has long operated independently, but today it tends to develop towards the Paris-Saclay scientific and technological university center. The construction of a building for its new Master of Business Administration (MBA) symbolizes a new period of campus development. The project, whose construction began in 2008 and ended in 2012, was entrusted to the English architect David Chipperfield and to Martin Duplantier.

A campus in the forest

The original campus, whose program was inspired by American achievements, was built between 1962 and 1967 and inaugurated with great pomp by the Général de Gaulle. For this project, the architect René-André Coulon had studied the spatial layout and the functioning mode of human relations in the most recent constructions of American universities. Realizing the importance given to sports, he proposed to equip the new HEC campus with sports fields and to criss-cross it with pedestrian paths, traversing large areas planted, grassed and highlighted with tree beds. The landscape was the subject of a precise composition developed in the mass plan of Robert Joffet, heir to Jean-Claude-Nicolas Forestier, a French town planner and landscape gardener at the service of the City of Paris at the beginning of the 20th century. Robert Joffet became honorary chief curator of the Paris Gardens in 1945 and wrote a book on the Parc de Bagatelle for which Forestier did restoration work.

The HEC campus landscape project fully reflects these two influences. On the one hand, it follows the tradition of Paris' "parcs et jardins" as it is expressed, for example, in the Parc des Buttes-Chaumont. On the other hand, it respects the principles of modernist composition by separating pedestrian traffic from car traffic and by orienting housing, towards the East or the West, to benefit from the most sun exposure. Thus, the use of curved forms for roads gives fluidity to motorized movements, but it can also refer to English parks and gardens. The organic forms here confront with finesse the purist geometry of the buildings elegantly posed on their stilts, allowing to open up views and to emphasize the natural and landscaped character of the site.

Framing human relationships

In accordance with the precepts of the Modern Movement, the different functions of the campus, teaching and collective life, are clearly differentiated and installed in two distinct zones. The eleven residential pavilions are located to the East and, beyond, are community facilities (restaurants, indoor sports, student club). The study sector is located on the opposite side of the campus, in the Western part. Located in the middle of trees and meadows, the housing blocks on piles were built in parallel, in a North-South direction, clearing between them vast esplanades planted from 70 to 120 meters wide. On the edge of the plateau, aligned along an East-West axis, the teaching building is organized in a linear manner and opens onto a large grassed area, similar to the American campuses of the 1960s, notably that of the Illinois Institute of Technology (IIT) designed by Mies van der Rohe. The addition of a double façade to the teachers' housing block has greatly transformed its architectural writing.

The various services and facilities destined to the students, such as the infirmary, the canteen or the sports facilities, are arranged along a path that goes around the residential area. In the same area, the smallest blocks of fifty dwellings were reserved for third year students, placing the most advanced pupils as close as possible to the study building to highlight their value. Indeed, initially, the buildings grouped students by year in order to encourage their successful integration into their respective cohorts. Inside the residences, the rooms were all identical and had no individual washrooms. Each floor was equipped with a space for toilets and a number of rooms for group activities. For economic reasons, dwellings were connected two by two by a common shower. This organization could be considered uncomfortable today but did not seem so unpleasant to the students, who saw there a particular form of cohabitation. This principle is further evidence of the interest shown by architect René-André Coulon to the issue of human relations on university campuses. Today, this rule can no longer be respected due to the increasing individualization of career paths within the same cohort.

A renewal of the modern style

The campus underwent little transformation until the 1980s, when the construction of several buildings of low architectural quality on the edge of the residential area affected perspectives of the Saclay Plateau. The MBA building allowed the campus to open one of its new façades towards the plateau's landscape. Located on the edge of the site, it is a convincing gateway to the School and creates a link between the former campus and its future expansion. This two-story building comprises a complex of administrative and teaching premises, including a large amphitheater open for a variety of events for all students. The amphitheater was deliberately placed at the North end of the building by the architects to serve as an anchor point with the campus. Accessible from both sides, it is articulated by an empty area serving as a hall of honor and bordered by a staircase, in the manner of a theatre foyer.

Architects David Chipperfield and Martin Duplantier favored a simple and repetitive modernist architectural style. It is based on the development of a very precise cross-sectional device for the metal façade, whose slightly golden color contrasts with the concrete, predominating over the rest of the campus buildings, with a continuity of materials for the academic buildings in aluminum. Inverting the programmatic distribution logic by level, the administration is on the ground floor and the classrooms on the first floor. This building is designed to create a "choreography of movement" through the animation of the hall by the comings and goings of the students. The designers also wanted campus users to benefit from "informal spaces" cohabiting with the large scale of the campus. Intended for students from all over the world, the School offers these spaces to all of its users (researchers, students, professors) to allow everyone to meet in order to discuss and work, in a more intimate atmosphere, on group projects.

Functionalist poetry

Following the creation of the Établissement Public d'Aménagement de Saclay in 2010, HEC decided to renovate its residences and increase its accommodation capacity. In 2012, the Chamber of Commerce and Industry, owner of the site, initiated a programming study for the project's implementation. This capacity study was conducted by the architectural firm ARAV and highlighted the site's numerous architectural and landscape merits, ignored in the developments undertaken since the 1980s. Shortly after the MBA building project was completed, a competition was launched for the renovation of the residences and their design-build management. Having proved unsuccessful, the project was then the subject of a new order for the renovation of residential buildings and the construction of new housing, won by Martin Duplantier with the social landlord France-Habitation. The principles implemented for this project take into account the rationalist architecture of the site by respecting the shape of the block on piles. It was also a question of improving the comfort of the studios by fitting out new bathrooms equipped with toilets and a kitchenette corner. The architect decided to keep the design of the loggias and to replace façade's wood with black lacquered aluminum. The proportions have not changed much, but insulation of the slits has been necessary to limit thermal bridges.

The new residential building preserves and amplifies the stilts' effect by affixing a particularly neat wooden underside. This equipment reinforces the idea of an "outdoor living room" to describe the space that slips under the building. The use of these spaces sometimes seems to raise questions, but they are nevertheless essential to the feeling of openness they provide. Indeed, they allow discovering views through the residential complex without ever being completely closed. Further inside, the studio floor plan is slightly narrower than the original model and the glass French doors over their full height visually enlarge the room. The major difference of this new bar is the reversal of the front on the gables, opening the view to the sides. The architectural writing of the new façade highlights the edges of the concrete frames, highlighting the floors and the housing unit's repetitive aspect. In this, the architectural expression would still shift towards the architecture of a Mies van der Rohe in his Chicago period, beyond Coulon's more rigorous writing, to whom an homage is being paid here.

The construction projects for the MBA building and the renovation-extension of the HEC campus housing, designed by Martin Duplantier, are proving to be models of evolution. Indeed, the ways of studying, working and living have changed considerably since the creation of the campus, with the arrival of digital tools, the dematerialization of work or new needs in terms of collective spaces. His work has, therefore, questioned the changes in the successive practices of users in the space of the university campus and their adaptation in a contemporary modernist architecture.

The new MBA building, the renovation, and extension of the residential area of the HEC campus testify to the capacity of modernist architecture, so disparaged in many respects, to welcome new uses, to transform itself and to serve as a reference. This set of interventions also shows that this architecture can arouse the interest of a new generation of architects who rediscover it without being bogged down by a priori criticisms of the previous generation and by capitalizing on its poetic scope: functionalist poetry!

INTERVIEW

Martin Duplantier

This interview took place on 6 November 2017, during a visit to the HEC campus in Jouy-en-Josas with architect Martin Duplantier.

At the far end of a field, highlighted on its right edge by the white roofs of an invisible subdivision, appears the golden silhouette of the new Master of Business Administration (MBA) building designed by David Chipperfield. A long terrace welcomes visitors at the building's entrance and accompanies the new entrance to the HEC campus. At its side are the educational facilities, behind it is the residential wooded area in which are hidden the housing blocks on piles renovated and rebuilt by Martin Duplantier.

Virginie Picon-Lefebvre
How long have you worked on the HEC campus?

Martin Duplantier
I started working on this site during my architectural degree. I knew the place well because, before studying architecture, I was a student at HEC. In 2008, I was approached to submit a proposal for the building devoted to the new MBA. I called David Chipperfield because we had already worked on campus design. We won the competition and, after delivering this building, HEC asked me to respond to a call for student residences.

How do you situate your intervention in this process of campus renovation, the design-build competition for student residences having been declared unsuccessful?

This competition, organized by the Paris Chamber of Commerce and Industry in 2012, was not able to identify a winning project. Due to the constraints imposed on entrants, the rent level necessary to ensure good management was too high. Conversely, with our partner France-Habitation, we designed the housing in order to reach rental prices comparable to those existing on campus. After winning the consultation, we signed a contract for a complex of 1,000 housing units, including 900 to renovate and 100 new units. Since then, we have been asked to build another 250 units. Between the two projects, governance has evolved. The Chamber of Commerce is no longer the owner of the site, but the majority shareholder of the HEC group. Indeed, following numerous reforms, the Chambers of Commerce no longer have the means they had before. Another advantage of this new organization is that it has given power back to HEC over its site.

What is the MBA building program?

The MBA building has a mixed program of academic and office spaces for administration. It must be understood that, for HEC, it was strategic to develop the MBA, because those are the courses put forward in international rankings. This helps fund programs that are extremely expensive for the School to run. At the same time, training courses for senior managers have also been developed, providing new resources.

How did David Chipperfield work with you on this building?

David Chipperfield had a stong interest in the project, and had devoted a team for its implementation. I went to London for two months for the competition. David was my former boss and I learned so much at his side, before and during this project. It's a unique experience. Subsequently, studies and construction were shared between the two agencies, with each of them delegating a representative to monitor the site.

How was the relationship between the building and the rest of the campus thought of?

My experience with the site made our response more valuable because I knew that it was necessary to take into account the movements between residences and places of teaching, today and tomorrow, with the campus' likely extension, but also within the buildings. Indeed, one must succeed in recreating, in this very large organization, the small scale of spontaneous encounters, of friction, between people who come from all over the world. The very essence of the project lies in the need to work on very intimate atmospheres, to make the large scale of the campus cohabit with a more intimate atmosphere for small groups of students who would like to study together. We won the competition by multiplying coffee corners, expanding common areas and traffic areas to the maximum. By placing the hall at the end of the building, we sought to connect the building as much as possible to the existing campus. Moreover, by making this hall crossable, we wanted to anticipate the development of future spaces.

On which spatial organization principles was the MBA building designed?

Logic would have it that offices would be located at the top and teaching spaces at the bottom. We reversed that principle. The School administration is located at ground level, the classrooms and the amphitheater are located upstairs. This has the effect of activating the administration space by compelling students to move from top to bottom and to enliven the building's entrance hall. We have thus created a kind of choreography of movements. The silhouette of the building is due to the shape of the plot. The hall was initially supposed to be bigger—a few thousand students can come here daily to attend classes and other conferences—but budgetary constraints have forced us to reduce it. The materials were chosen in relation to René-André Coulon's constructions, such as raw concrete, aluminum, and brass for the railings. One can notice, on the façade, the variety of tones given to anodized aluminum that play with light. The nobility of brass and anodized aluminum and the rough character of raw concrete characterize this architecture which is quite precious, compared to its actual cost. The thermal performances are linked to the concrete's inertia and to very repetitive façades. The windows can be opened easily and the false ceilings are made of perforated metal to facilitate air circulation.

What was your position with regard to campus architecture?

I like its modernist architecture, but sometimes it seems students and the administration don't appreciate it. David Chipperfield laid down the project's fundamentals with us. According to him, history and context are very important and he strives to be the most "accurate" with a certain abstraction. For the HEC campus site, respect for the context was about taking into account its modernist architecture. We had a very limited budget but the luxurious aspect of the building is due to the will to limit details to a single one and the cutting principle to a single cut. David Chipperfield places great emphasis on the precision scale in response to the lack of attention to detail championed by the proponents of architectural modernity. The plot was not very big, which was problematic. It was necessary to go up one floor, making the building much more visible on the site. This is not the case for other educational buildings, which are, for their part, more hidden by tall trees. For the spatialization of the program, David Chipperfield's philosophy is to read between the lines of the specifications and see what you can get a project to say. We were particularly successful in highlighting the notion of informal spaces that was close to our hearts.

What about the housing which was restructured?

The residences to be renovated have three different capacities of 50, 100 and 200 units. They are all located inside a ring road, surrounded by large green areas of grass and trees. The renovation first focused on the upper floors, before moving on to spaces on the ground floor. It respects the principle of the loggias and keeps their depth, contrary to the first competition's program. The wooden façade was removed and replaced with black aluminum, which requires less maintenance. Blackout is achieved through black curtains that pass between desk and window. The buildings' proportions have changed very little. The main intervention consisted in insulating the slits one meter on each side to limit thermal bridges. In addition, rooms were made independent and were turned into social housing to maintain affordable rental prices.

Each room was equipped with a kitchenette and a bathroom with toilet and shower.

And in new housing?

We decided to set up a more flexible structural system so that we could modify the plans if needs changed over time. For the façades, we used the same principle as in the existing architecture but we glazed the sills to provide more light. The building is constructed with prefabricated elements except for the posts and load-bearing elements which are inside. We are here in a context of project management in design-realization, making control of finishes much more complicated at the time of construction. The relationship between project management and project ownership can greatly condition architectural quality, but it should not entirely depend on economic conditions. We must be able to rely on a project owner who defends architecture, which was the case here, with Adim and France-Habitation.

How have meeting spaces in residential buildings been rethought?

The meeting spaces have been thought of as a continuum between the vegetation and landscape dimension of the park and the built and more intimate dimension of the residential buildings. They mainly find their place on the ground floor of buildings between piles, designed by René-André Coulon, thus perpetuating the project's modernist tradition. For several years, these ground floor spaces were occupied and filled by various programs. Our intention was to enhance these spaces as much as possible in order to encourage interaction between students and professors who frequent different buildings on the campus.

How does your project reflect on the design of teaching spaces on new university campuses?

HEC's educational spatial model, inspired by the American tradition, seeks to encourage meetings between the people on the site in spaces of varying quality. The teaching areas were decompartmentalized to encourage relations between teachers and students both in the classrooms and in places of amenity such as the cafeteria. Our project, for the HEC campus, aimed to give formal freedom of space appropriation while avoiding as much as possible to freeze functions a priori. Based on my experience of the campus, I see the corridors as learning spaces in their own right, at the same level as the classrooms. Corridors are, indeed, spaces of circulation where one can meet their teachers, stop for a moment and discuss more freely with them. It is also in these moments and spaces that we teach and learn.

DOCUMENTS

DOCUMENTS

112

112

Model of the building N1, Paris, May 2018. Maquette du bâtiment N1, Paris, mai 2018.

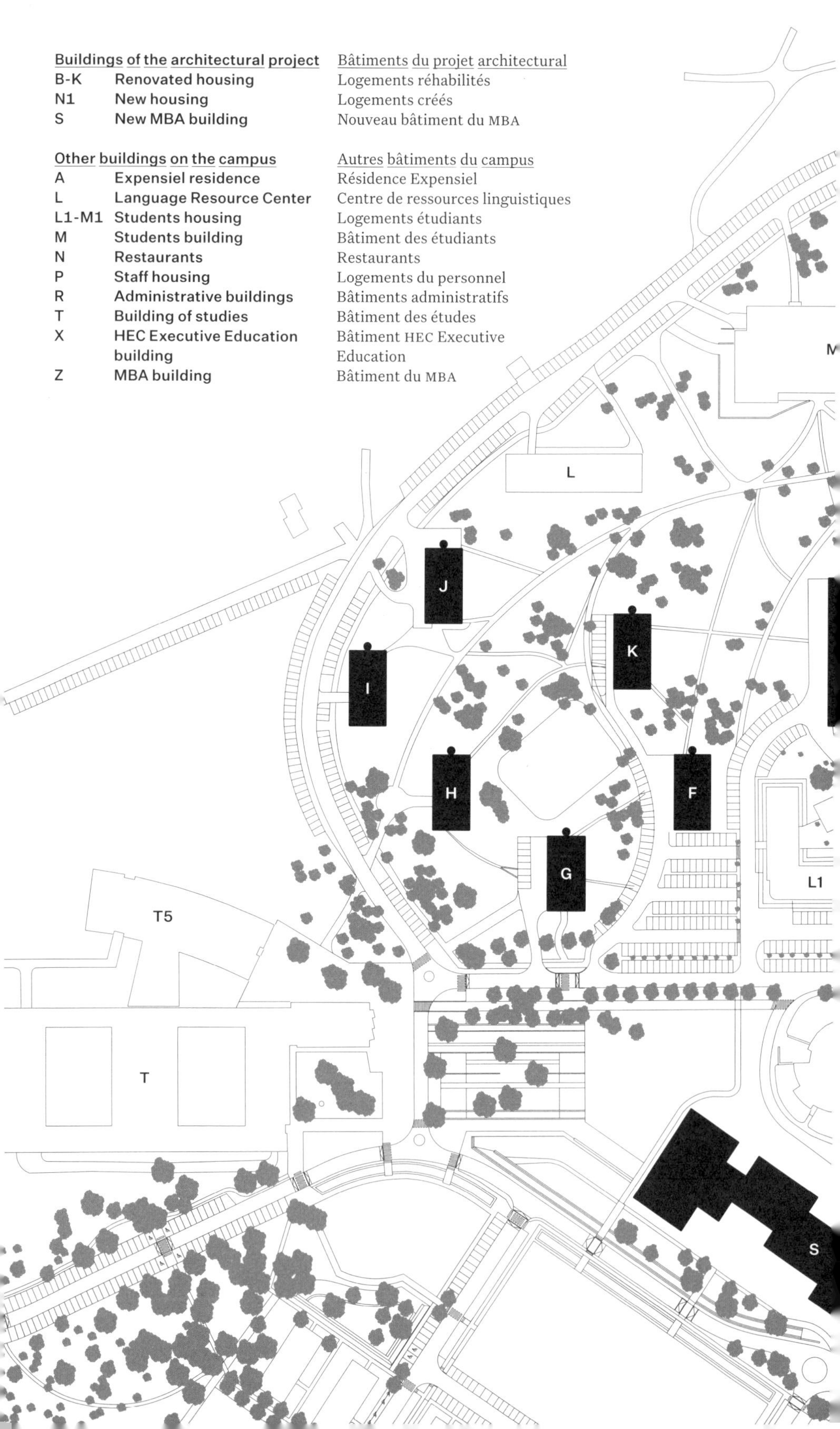

Buildings of the architectural project
B-K Renovated housing
N1 New housing
S New MBA building
Other buildings on the campus
A Expensiel residence
L Language Resource Center
L1-M1 Students housing
M Students building
N Restaurants
P Staff housing
R Administrative buildings
T Building of studies
X HEC Executive Education building
Z MBA building
Bâtiments du projet architectural
Logements réhabilités
Logements créés
Nouveau bâtiment du MBA
Autres bâtiments du campus
Résidence Expensiel
Centre de ressources linguistiques
Logements étudiants
Bâtiment des étudiants
Restaurants
Logements du personnel
Bâtiments administratifs
Bâtiment des études
Bâtiment HEC Executive Education
Bâtiment du MBA
L
J
K
I
H
F
G
L1
T5
T
S

N
P
P1
P2
P3
N1
A
D
B
R2
R1
M1
R3
R
X

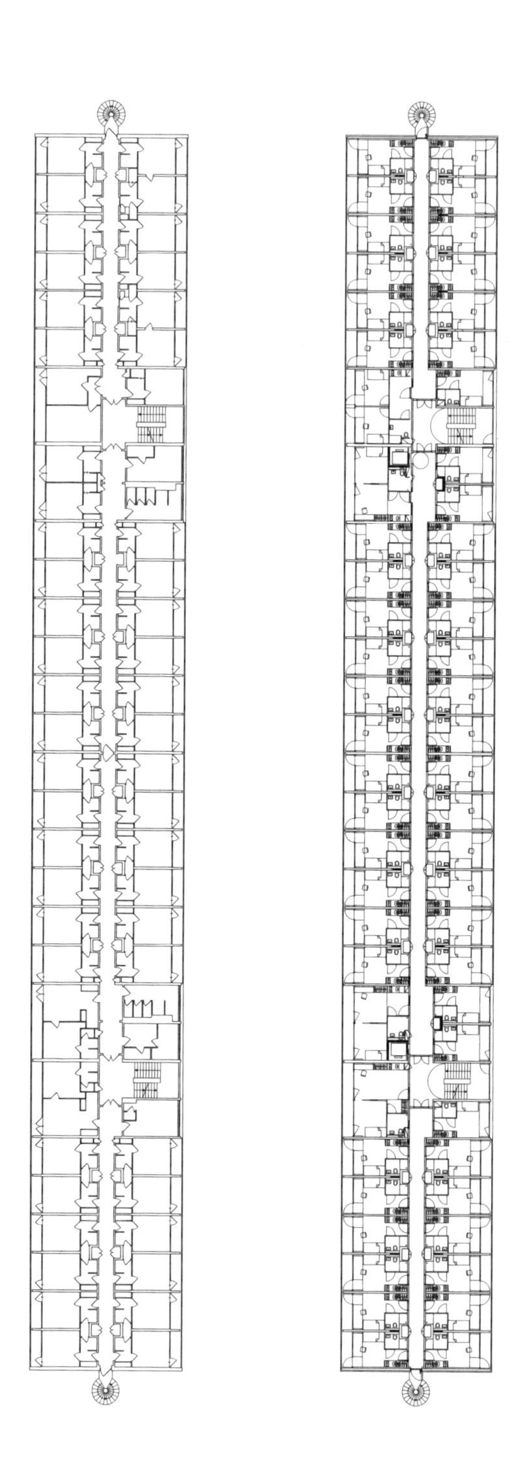

Building B, renovation. Standard floor plan, current state and project.
Bâtiment B, réhabilitation. Plan d'un étage courant, état existant et projet.

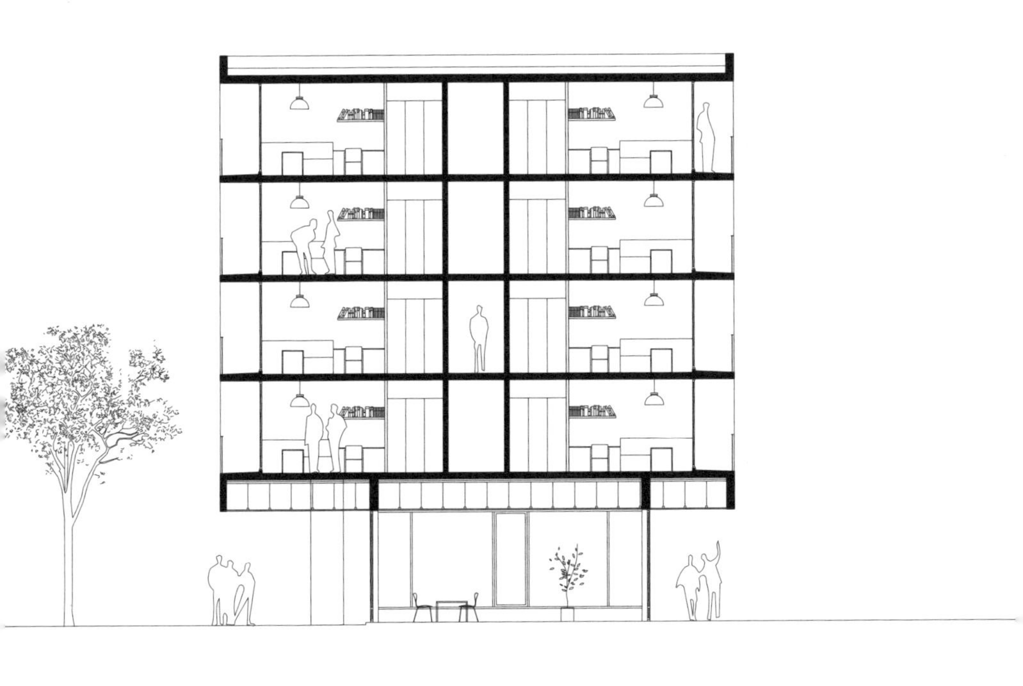

Building B, renovation. Cross section. Bâtiment B, réhabilitation. Coupe transversale.

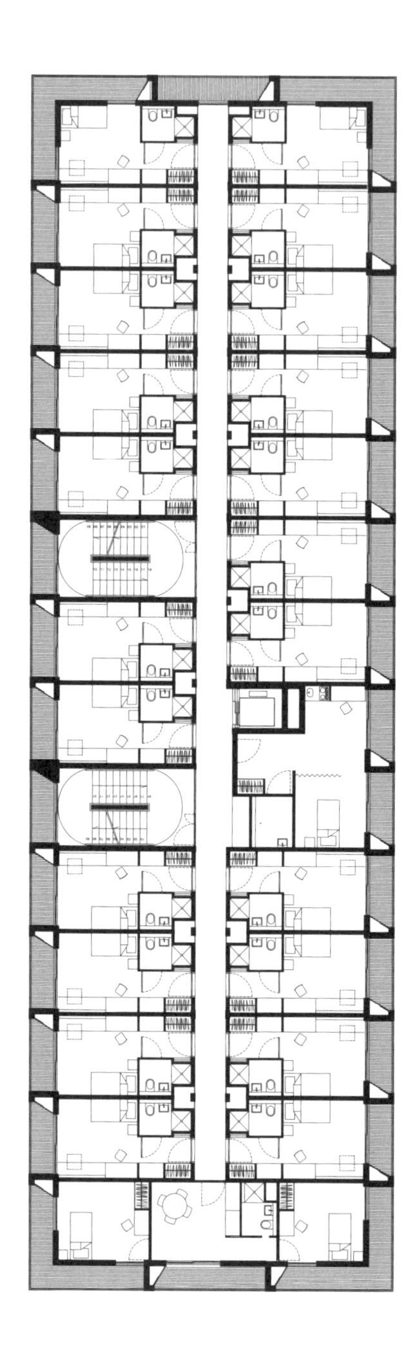

Building N1, new-build. Standard floor plan. Bâtiment N1, neuf. Plan d'un étage courant.

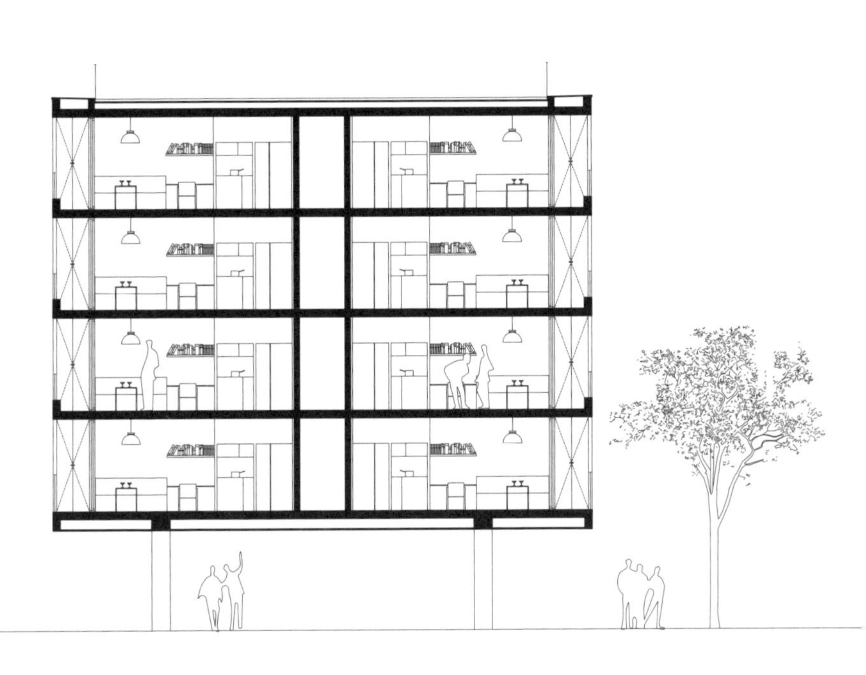

Building N1, new-build. Cross section. Bâtiment N1, neuf. Coupe transversale.

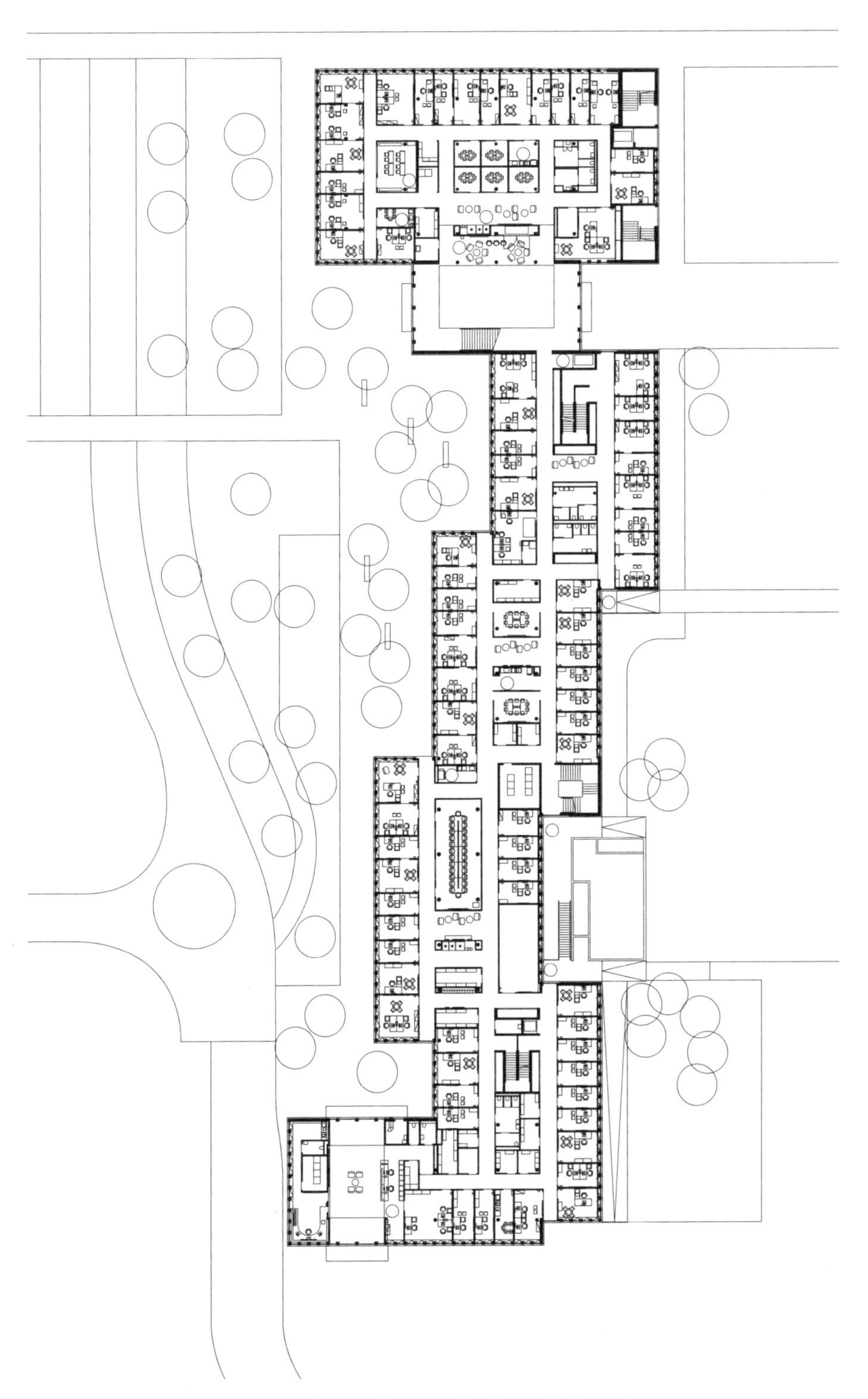

MBA building. Ground floor plan. Bâtiment du MBA. Plan du rez-de-chaussée.

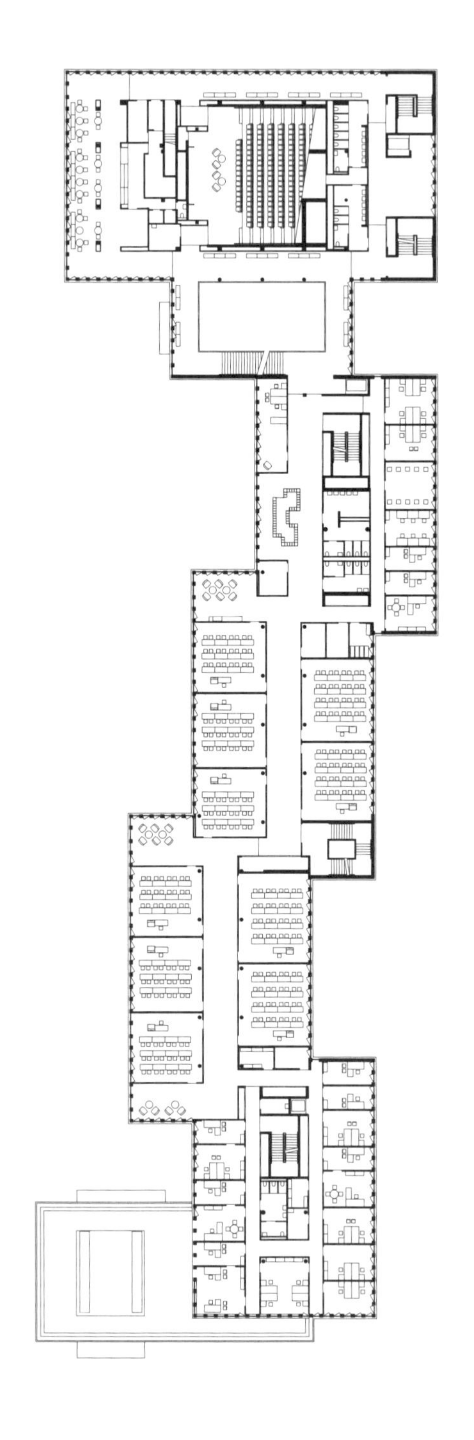

MBA building. R+1 plan. Bâtiment du MBA. Plan du R+1.

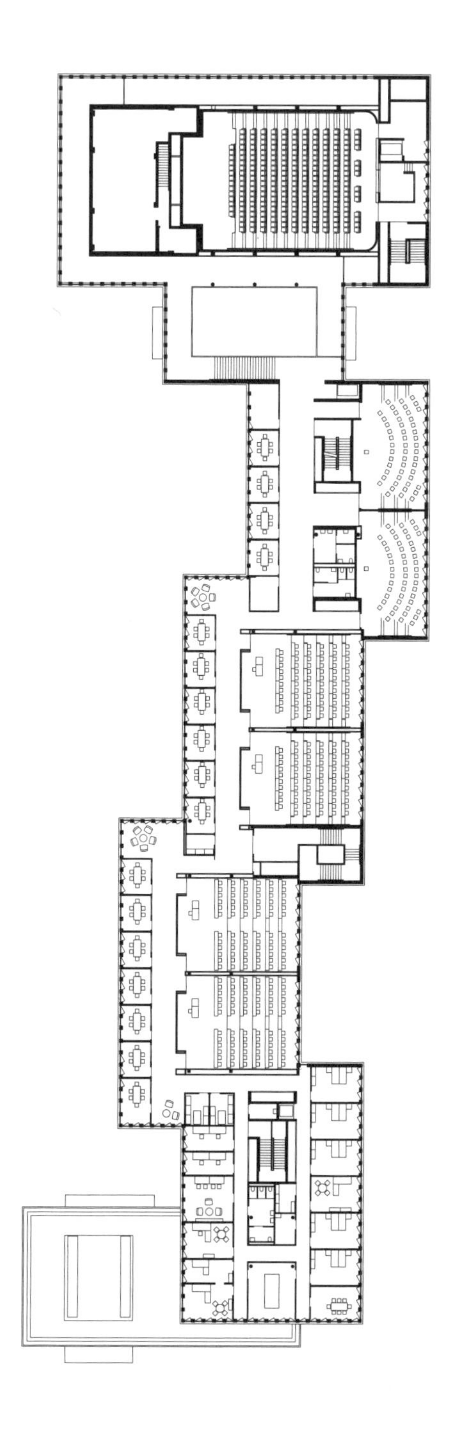

MBA building. R+2 plan. Bâtiment du MBA. Plan du R+2.

UN CAMPUS MODERNISTE POUR UNE GRANDE ÉCOLE

Virginie Picon-Lefebvre

Dès 1946, l'École des hautes études commerciales (HEC) constate l'inadéquation entre l'enseignement et les équipements. En parallèle de la volonté décentralisatrice de l'État, elle décide, en 1958, de quitter Paris pour un programme ambitieux de création d'un campus d'enseignement supérieur sur le plateau de Saclay. Elle sera, en 1963, la toute première grande école à s'implanter sur ce site [cf. texte de Christian Hottin]. L'architecte René-André Coulon (1908-1997), bénéficiant par la suite du statut d'architecte en chef des Bâtiments civils et Palais nationaux, est appelé par la Chambre de commerce de la Ville de Paris pour concevoir ce campus, fort de son expérience dans ce domaine avec la faculté des sciences de Bordeaux, puis, plus tard, le campus de Jussieu. Par la suite, d'autres établissements d'enseignement supérieur comme l'université d'Orsay ont rejoint l'École en s'établissant plus au sud du plateau. Situé sur la commune de Jouy-en-Josas, au nord du plateau, le campus HEC a longtemps fonctionné de manière autonome, mais il tend aujourd'hui à se développer en direction du pôle universitaire scientifique et technologique de Paris-Saclay. La construction d'un bâtiment pour son nouveau Master of Business Administration (MBA) symbolise une nouvelle période d'aménagement du campus. Le projet, dont la construction commence en 2008 et s'achève en 2012, a été confié à l'architecte anglais David Chipperfield et à Martin Duplantier.

Un campus dans la forêt

Le campus d'origine, dont le programme était inspiré par des réalisations américaines, a été réalisé entre 1962 et 1967 et inauguré en grande pompe par le général de Gaulle. Pour ce projet, l'architecte René-André Coulon avait étudié le dispositif spatial et le mode de fonctionnement des relations humaines dans les plus récentes réalisations d'universités américaines. S'apercevant de l'importance donnée à l'activité sportive, il proposa d'équiper le nouveau campus HEC de terrains de sports et de le sillonner de sentiers piétons, traversant de grands espaces plantés, engazonnés et soulignés de massifs d'arbres. Le paysage a fait l'objet d'une composition précise développée dans le plan de masse de Robert Joffet, héritier de Jean-Claude-Nicolas Forestier, urbaniste et paysagiste français au service de la Ville de Paris au début du XXe siècle. Devenu conservateur en chef honoraire des jardins de Paris à partir de 1945, Robert Joffet avait rédigé un ouvrage sur le parc de Bagatelle pour lequel Forestier a fait des travaux de restauration.

Le projet paysager du campus HEC reflète tout à fait ces deux influences. D'une part, il suit la tradition des « parcs et jardins » de Paris telle qu'elle peut s'exprimer, par exemple, au parc des Buttes-Chaumont. D'autre part, il respecte les principes de composition modernistes en séparant les circulations piétonnes des circulations automobiles et en orientant les logements vers l'est ou vers l'ouest, pour bénéficier du maximum de soleil. Ainsi, l'utilisation des formes courbes pour la voirie donne de la fluidité aux déplacements motorisés, mais elle peut renvoyer également aux parcs et jardins à l'anglaise. Les formes organiques se confrontent ici avec finesse à la géométrie puriste des édifices élégamment posés sur leurs pilotis, permettant d'ouvrir des vues traversantes et de mettre en valeur le caractère naturel et paysager du site.

Tramer des relations humaines

Conformément aux préceptes du Mouvement moderne, les différentes fonctions du campus, l'enseignement et la vie collective, sont clairement séparées et installées dans deux zones distinctes. Les onze pavillons résidentiels sont disposés à l'est et, au-delà, les équipements collectifs (restaurants, terrains de sports couverts, club des élèves). Le secteur des études se situe à l'opposé, dans la partie occidentale du campus. Implantées au milieu des arbres et des prairies, les barres de logements sur pilotis ont été construites parallèlement, selon une direction nord-sud, dégageant entre elles de vastes esplanades plantées de 70 à 120 mètres de largeur. En bordure du plateau, aligné sur un axe est-ouest, le bâtiment d'enseignement s'organise de manière linéaire et s'ouvre sur un large espace engazonné à l'image des campus américains des années 1960, notamment celui de l'Illinois Institute of Technology (IIT) conçu par Mies van der Rohe. L'ajout d'une double façade à la barre de logements réservée aux professeurs a lourdement transformé son écriture architecturale.

Les différents services et équipements destinés aux étudiants, comme l'infirmerie, la cantine ou encore les équipements sportifs, sont disposés le long d'une voie faisant le tour de la zone des résidences. Dans cette même zone, les plus petites barres de cinquante logements étaient réservées aux troisième année, plaçant les élèves les plus avancés au plus près des bâtiments d'enseignement pour les valoriser. En effet, à l'origine, les immeubles regroupaient les élèves par année afin de favoriser leur bonne insertion dans leurs promotions respectives. À l'intérieur des résidences, les chambres étaient toutes identiques et dépourvues de toilettes individuelles. Chaque étage était équipé d'un espace pour les toilettes et d'un certain nombre de locaux pour les activités collectives. Pour des raisons économiques, les logements étaient reliés deux par deux par une douche commune. Cette organisation pourrait être aujourd'hui considérée comme inconfortable, mais ne semblait pas tant déplaire aux étudiants, qui voyaient là une forme particulière de cohabitation. Ce principe témoigne encore de l'intérêt porté par l'architecte René-André Coulon à la question des relations humaines dans les campus universitaires. Aujourd'hui, cette règle ne peut plus être respectée du fait de l'individualisation croissante des parcours au sein d'une même promotion.

Un renouveau du style moderne

Le campus présente peu de transformations jusque dans les années 1980, quand l'édification de plusieurs bâtiments de faible qualité architecturale, en bordure de la zone des résidences, a affecté les perspectives en direction du plateau de Saclay. Le bâtiment du MBA a permis au campus d'ouvrir une de ses nouvelles façades vers le paysage du plateau. Placé en lisière du site, il constitue de manière convaincante une véritable porte d'entrée pour l'École et crée une liaison entre l'ancien campus et son expansion future. Ce bâtiment de deux étages comprend un ensemble de locaux destinés à l'administration et à l'enseignement dont un grand amphithéâtre ouvert à de nombreuses manifestations destinées à l'ensemble des étudiants. L'amphithéâtre a volontairement été placé à l'extrémité nord du bâtiment par les architectes pour servir de point d'ancrage avec le campus. Accessible de part et d'autre, il est articulé par un vide servant de hall d'honneur et bordé par un escalier, à la manière d'un foyer de théâtre.

Les architectes David Chipperfield et Martin Duplantier ont privilégié une écriture architecturale moderniste, simple et répétitive. Elle repose sur la mise au point d'un dispositif en coupe très précis pour la façade en métal, dont la couleur légèrement dorée contraste avec le béton, prédominant sur le reste des bâtiments du campus, tout en étant dans une continuité de matériau pour les bâtiments académiques en aluminium. Inversant les logiques de distribution programmatique par niveau, l'administration se trouve au rez-de-chaussée et les salles de cours à l'étage. Ce bâtiment est conçu pour créer une « chorégraphie du mouvement » à travers l'animation du hall par les allées et venues des étudiants. Les concepteurs ont également souhaité que les usagers puissent profiter d'« espaces informels » cohabitant avec la grande échelle du campus. L'École propose ces espaces aux chercheurs, étudiants, professeurs pour permettre à tous de se retrouver pour discuter et travailler, dans une ambiance plus intime, sur des projets communs.

La poésie fonctionnaliste

Suite à la création de l'Établissement public d'aménagement de Saclay en 2010, HEC a décidé de rénover ses résidences et d'augmenter sa capacité d'hébergement. En 2012, la Chambre de commerce et d'industrie, propriétaire du site, a initié une étude de programmation pour la mise en œuvre du projet. Cette étude de capacité a été menée par l'agence d'architecture ARAV et a mis en avant de nombreuses qualités architecturales et paysagères du site, ignorées dans les aménagements entrepris depuis les années 1980. Peu après la fin du chantier du bâtiment du MBA, un concours portant sur la rénovation des résidences ainsi que sur leur gestion conception-construction a été lancé. S'avérant infructueux, le projet a alors fait l'objet d'une nouvelle commande pour la rénovation des bâtiments de résidences et la construction de nouveaux logements, remportée par Martin

Duplantier avec le bailleur social France-Habitation. Les principes mis en œuvre pour ce projet prennent en compte l'architecture rationaliste du site en respectant la forme de la barre sur pilotis. Il s'agissait également d'améliorer le confort des studios en aménageant de nouvelles salles de bains équipées de toilettes et un coin kitchenette. L'architecte a décidé de conserver le dessin des loggias et de remplacer le bois de la façade par de l'aluminium laqué noir. Les proportions ont peu changé, mais une isolation des refends a été nécessaire afin de limiter les ponts thermiques.

Le nouveau bâtiment résidentiel conserve et amplifie l'effet des pilotis en apposant une sous-face en bois particulièrement soignée. Cet appareillage renforce l'idée d'un « salon à l'extérieur » pour qualifier l'espace qui se glisse sous l'édifice. L'usage de ces espaces semble parfois poser question, mais ils sont pourtant essentiels au sentiment d'ouverture qu'ils procurent. En effet, ils permettent de découvrir des vues à travers l'ensemble résidentiel sans être jamais complètement fermés. Plus à l'intérieur, le plan des studios est légèrement resserré par rapport au modèle d'origine et les portes-fenêtres vitrées sur toute leur hauteur agrandissent visuellement la pièce. La différence majeure de cette nouvelle barre réside dans le retournement de la façade sur les pignons, ouvrant la vue sur les côtés. L'écriture architecturale de la nouvelle façade met en avant les arêtes des cadres en béton, soulignant les étages et l'aspect répétitif des unités de logements. En cela, l'expression architecturale basculerait encore vers l'architecture d'un Mies van der Rohe dans sa période Chicago, au-delà de l'écriture plus rigoureuse de Coulon, à qui il est ici rendu hommage.

Les projets de construction du bâtiment du MBA et de rénovation-extension des logements du campus HEC, conçus par Martin Duplantier, s'affirment comme des modèles d'évolution. En effet, les manières d'étudier, de travailler et d'habiter se sont fortement transformées depuis la création du campus, avec l'arrivée des outils numériques, la dématérialisation du travail ou les nouveaux besoins en matière d'espaces collectifs. Son travail s'est donc interrogé sur les changements dans les pratiques successives des usagers dans l'espace du campus universitaire et leur adaptation dans une architecture moderniste contemporaine.

Le nouveau bâtiment du MBA, la rénovation et l'extension de la zone des résidences du campus HEC témoignent de la capacité de l'architecture moderniste, tant décriée à bien des égards, à accueillir de nouveaux usages, à se transformer et à servir de référence. Cet ensemble d'interventions montre également que cette architecture peut susciter l'intérêt d'une nouvelle génération d'architectes qui la redécouvre tout en se délestant des *a priori* critiques de la génération précédente et en capitalisant sur sa portée poétique : la poésie fonctionnaliste !

ENTRETIEN

Martin Duplantier

130

Cet entretien s'est déroulé le 6 novembre 2017, au cours d'une visite du campus HEC à Jouy-en-Josas avec l'architecte Martin Duplantier.

À l'extrémité d'un champ, souligné sur son bord droit par les toits blancs d'un invisible lotissement, apparaît la silhouette dorée du nouveau bâtiment du Master of Business Administration (MBA) dessiné par David Chipperfield. Une terrasse tout en longueur accueille les visiteurs jusqu'à l'entrée du bâtiment et accompagne la nouvelle entrée du campus HEC. À ses côtés, se tiennent les équipements pédagogiques ; derrière lui, s'étend la zone résidentielle boisée dans laquelle sont dissimulées les barres de logements sur pilotis rénovées et reconstruites par Martin Duplantier.

Virginie Picon-Lefebvre
Depuis quand travaillez-vous sur le campus HEC ?

Martin Duplantier
J'ai commencé à travailler sur ce site pendant mon diplôme d'architecte. Je connaissais bien les lieux car, avant de faire des études d'architecture, j'avais été étudiant à HEC. En 2008, j'ai été sollicité pour répondre au concours du bâtiment dédié au nouveau MBA. J'ai fait appel à David Chipperfield car nous avions déjà travaillé sur la conception de campus. Nous avons remporté le concours et, après avoir livré ce bâtiment, HEC m'a demandé de répondre à un appel à candidatures sur les résidences étudiantes.

Comment situez-vous votre intervention dans ce processus de rénovation du campus, le concours conception-construction pour les résidences étudiantes ayant été déclaré infructueux ?

Ce concours, organisé par la Chambre de commerce et d'industrie d'Île-de-France en 2012, n'a pas permis de dégager un projet lauréat. Du fait des contraintes imposées aux concurrents, le niveau de loyers nécessaire pour assurer une bonne gestion était trop haut. À l'inverse, avec notre partenaire France-Habitation, nous avons conçu les logements pour atteindre des prix de loyers comparables à ceux existant sur le campus. Après avoir remporté la consultation, nous avons signé un contrat pour un ensemble de 1 000 logements, dont 900 à rénover et 100 logements neufs. Depuis, on nous a sollicités pour construire encore 250 logements. Entre les deux projets, la gouvernance a évolué. La Chambre de commerce n'est plus propriétaire du site mais actionnaire majoritaire du groupe HEC. En effet, à la suite de nombreuses réformes, les chambres de commerce n'ont plus les moyens qu'elles avaient auparavant. Cette nouvelle organisation a eu l'avantage de redonner du pouvoir à HEC sur son site.

Quel est le programme du bâtiment du MBA ?

Le bâtiment du MBA a un programme mixte de locaux académiques et de bureaux pour l'administration. Il faut comprendre que, pour HEC, il était stratégique de développer le MBA, car ce sont ces formations qui sont mises en avant dans les classements internationaux. Cela permet de financer des programmes qui coûtent extrêmement cher à l'École. En parallèle, des formations à destination des cadres dirigeants se sont aussi développées, qui apportent des moyens nouveaux.

Comment David Chipperfield a-t-il travaillé avec vous sur ce bâtiment ?

David Chipperfield avait un réel intérêt pour le projet et il avait dédié une équipe pour sa mise en œuvre. Je suis allé à Londres pendant deux mois pour le concours. David était mon ancien patron et j'ai beaucoup appris à ses côtés avant et pendant ce projet. C'est une expérience unique. Par la suite, les études et la construction ont été partagées entre les deux agences, qui ont délégué chacune un représentant pour suivre le chantier.

Comment a été pensée la relation entre le bâtiment et le reste du campus ?

Mon expérience du site a permis d'enrichir notre réponse, car je savais qu'il fallait prendre en compte les mouvements entre les résidences et les lieux d'enseignement aujourd'hui et demain avec l'extension probable du campus, mais également à l'intérieur des bâtiments. En effet, il faut réussir à recréer, dans cette très grande organisation, la petite échelle de la rencontre, du frottement, entre des personnes qui viennent du monde entier. L'essence même du projet réside dans la nécessité de travailler sur des ambiances très intimes, de faire cohabiter la grande échelle du campus avec des espaces plus resserrés pour les petits groupes d'étudiants qui souhaiteraient étudier ensemble. Nous avons gagné le concours en démultipliant les coins café, en dilatant au maximum les espaces communs et de circulation. En situant le hall à l'extrémité du bâtiment, nous avons cherché à raccorder au maximum le bâtiment au campus existant. Par ailleurs, en rendant ce hall traversant, nous avons souhaité anticiper le développement des futurs espaces.

Sur quels principes d'organisation de l'espace a été conçu le bâtiment du MBA ?

La logique aurait voulu que les bureaux soient en haut et les espaces pédagogiques en bas. Nous avons inversé ce principe. L'administration se retrouve donc au niveau du sol, les salles de classe et l'amphithéâtre se situent à l'étage. Cette répartition a pour effet d'activer l'espace de l'administration en obligeant les étudiants à circuler de haut en bas et à animer le hall d'entrée du bâtiment. Nous avons créé ainsi une sorte de chorégraphie des mouvements. La silhouette du bâtiment résulte de la forme de la parcelle. Le hall devait être initialement plus grand – quelques milliers d'étudiants peuvent venir ici quotidiennement pour assister aux cours et autres conférences –, mais les contraintes budgétaires nous ont obligés à le réduire.

Les matériaux ont été choisis en relation avec les constructions de René-André Coulon, comme le béton brut, l'aluminium et le laiton pour les rambardes. On peut remarquer, sur la façade, la variété des tons donnés à l'aluminium anodisé qui jouent avec la lumière. La noblesse du laiton et de l'aluminium anodisé et le caractère rugueux du béton brut caractérisent cette architecture qui se révèle assez précieuse, en comparaison de son coût. Les performances thermiques sont liées à l'inertie du béton et à des façades très répétitives. Les fenêtres peuvent s'ouvrir facilement et les faux plafonds sont en métal ajouré pour faciliter les circulations d'air.

Quelle était votre position vis-à-vis de l'architecture du campus ?
J'apprécie son architecture moderniste, mais elle semble parfois peu appréciée par les élèves et l'administration. David Chipperfield a posé à nos côtés les fondamentaux du projet. Selon lui, l'histoire et le contexte ont beaucoup d'importance et il cherche à être le plus « juste » avec une certaine abstraction. Pour le site du campus HEC, le respect du contexte concernait la prise en compte de son architecture moderniste. Nous avions un budget très restreint, mais l'aspect luxueux du bâtiment tient à la volonté de limiter les détails à un seul détail et le principe de coupe à une coupe unique. David Chipperfield insiste beaucoup sur l'échelle de la précision en réaction à l'absence de soin apporté aux détails par les tenants de la modernité architecturale. Le terrain n'était pas très grand, ce qui était problématique. Il a fallu monter d'un étage, rendant le bâtiment bien plus visible sur le site. Ce n'est pas le cas des autres bâtiments d'enseignement qui sont, pour leur part, plus masqués par les grands arbres. Pour la spatialisation du programme, la philosophie de David Chipperfield est de lire entre les lignes du cahier des charges et de voir ce que l'on peut arriver à faire dire à un projet. Nous avons réussi à mettre particulièrement en valeur la notion d'espace informel qui nous tenait à cœur.

Qu'en est-il des logements qui ont été réhabilités ?
Les résidences rénovées ont trois capacités différentes de 50, 100 et 200 logements. Elles sont toutes situées à l'intérieur d'un anneau de circulation automobile, au milieu de grands espaces verts de gazon et d'arbres. La rénovation a d'abord porté sur les étages, avant d'aborder les espaces en rez-de-chaussée. Elle respecte le principe des loggias et conserve leur profondeur, contrairement au programme du premier concours. La façade bois a été déposée et remplacée par de l'aluminium noir, qui demande moins de maintenance. L'occultation se fait par des rideaux noirs qui passent entre le bureau et la fenêtre. Les proportions des bâtiments ont très peu changé. La principale intervention a consisté à isoler les refends sur un mètre de chaque côté pour limiter les ponts thermiques. Par ailleurs, les

chambres ont été rendues indépendantes et sont devenues des logements sociaux pour maintenir des loyers accessibles. Chaque chambre a été équipée d'une kitchenette et d'une salle de bains avec toilettes et douche.

Et dans les logements neufs ?

Nous avons décidé de mettre en place un système structurel plus flexible pour pouvoir modifier les plans si les besoins évoluent dans le temps. Pour les façades, nous avons repris le principe de l'architecture existante, mais nous avons vitré les allèges pour apporter plus de lumière. Le bâtiment est construit avec des éléments préfabriqués – à l'exception des poteaux et des éléments porteurs qui sont à l'intérieur. Nous sommes ici dans un contexte de maîtrise d'œuvre en conception-réalisation, rendant le contrôle des finitions beaucoup plus compliqué au moment de la construction. Les relations entre maîtrise d'œuvre et maîtrise d'ouvrage peuvent conditionner beaucoup la qualité architecturale, mais elles ne devraient pas dépendre entièrement des conditions économiques. Il faut pouvoir s'appuyer sur une maîtrise d'ouvrage qui défend l'architecture, ce qui a été le cas ici, avec Adim et France-Habitation.

Comment ont été repensés les espaces de rencontre dans les bâtiments de logements ?

Comme un continuum entre la dimension végétale et paysagère du parc et la dimension construite et plus intime des bâtiments de logements. Ils trouvent majoritairement leur place au rez-de-chaussée des immeubles entre les pilotis, dessinés par René-André Coulon, perpétuant ainsi la tradition moderniste du projet. Pendant plusieurs années, ces espaces du rez-de-chaussée ont été occupés et comblés par des programmes variés. Notre intention a été de les valoriser le plus possible afin de favoriser l'interaction entre les étudiants et les professeurs qui fréquentent des bâtiments différents sur le campus.

En quoi votre projet donne à réfléchir sur la conception des espaces d'enseignement dans les nouveaux campus universitaires ?

Le modèle spatial pédagogique d'HEC, inspiré de la tradition américaine, tente de favoriser les rencontres entre les occupants du site dans des espaces aux qualités variées. Les lieux consacrés à l'enseignement ont été décloisonnés pour favoriser les relations entre professeurs et étudiants autant dans les salles de cours que dans des lieux d'aménité comme la caféteria. Notre projet pour le campus HEC a souhaité donner une liberté formelle d'appropriation de l'espace en évitant au maximum de figer des fonctions *a priori*. Par rapport à mon expérience du campus, je considère les couloirs comme des lieux d'apprentissage à part entière, au même niveau que les salles de cours. Les couloirs sont, en effet, des espaces de circulation où l'on peut rencontrer ses enseignants, s'arrêter un moment et discuter plus librement avec eux. C'est aussi dans ces moments-là et dans ces espaces que l'on enseigne et que l'on apprend.

III III

The discreet presence of the new student residence building is in harmony with the whole.
La présence discrète du nouveau bâtiment de logements étudiants est en harmonie avec l'ensemble.

THE PROJECT OF UNIVERSALITY

Francesco Zuddas

162

There is an unresolved vocabulary conundrum subsuming our ultimate incapacity at defining the thing we commonly call the university. What does its universality refer to? Studies on the medieval origins of the institution have shown how, more than anything else, the formula *universitas societas magistrorum discipulorumque* referred to teachers and students forming a whole[1]. The totality of knowledge was not included as a constituent of the institution's universal character, nor was the existence of a single organizational, territorial or built form postulated. Rather than by an identifiable locale, early universities were defined by the interactions and clashes among various guilds constituting the social fabric of Europe in the Middle Ages: students and teachers. Existing without a bespoke built presence, the first universities continuously re-defined their territories by temporarily appropriating spaces in the city. If this was true for Bologna or Paris in the first centuries after the year 1000, it was repeated as a founding logic of higher education colonialism in 17th century North America, with early Yale College being born "ambulatory, like the tabernacle in the wilderness[2]".

Like in the case of many social groups of nomadic origins, also the universities' path to maturity unfolded as the desire to gain spatial stability and territorialization, so that by the 19th century it had become unthinkable for universities to exist without a stable house. As universities grew larger and became more internally subdivided, the unquestionability of ad-hoc space was specified and turned into what would be their single dominant spatial principle for the years to come: the principle of concentration. That this principle is hard to defeat was proven by its capacity to survive the strongest attack in the history of higher education. When, around 1968, spatial concentration was equated with the centralization of power in the hands of a controlling authority, fighting such authority led to an illusory victory. Indubitably, after the revolution, higher education became a possibility for many more. But this did not take place within the walls of a new type of institution. Rather, the university managed to protect itself by raising its bureaucratic immune system, becoming a gigantic version of its most immediate previous self: a spatially centralized organization. It has been only with the digital turn of the late 20th century that a prospect for a de-centralized university has emerged as a possibility. Yet it remains uncertain up to what point information technology has been—or will be—capable of dissolving the stability—of power and of spaces—that made universities among the most immutable and conservative forms of human organization, as well as one of the most difficult to grasp and define.

1 Charles Homer Haskins, *The Rise of Universities*, New York, H. Holt and company, 1923.

2 Carl A. Raschke, *The Digital Revolution and the Coming of the Postmodern University*, London/New York, Routledge Falmer, 2003, p. IX.

It is in the crisis between concentration and dispersion—that is, in its spatial tactics—that the university has explicated its constant search for an identity. Concentrating on one locale has been the dominant logic ever since the university became a project, and in particular a large-scale one. While the origins of universities are commonly located in medieval Europe, and their second birth is also European (propelled by early 19th century German idealism), the turning of the university into a large spatial project is an American invention with its specific name—"campus", a word that, like university, is also open to multiple interpretations[3]. The 1896–1899 Phoebe Hearst competition for the design of the University of California at Berkeley marked an important moment in campus design as the first important occasion when a competition was used to gather different configurations for a large piece of academic territory, a piece of land "to be filled with a single beautiful and harmonious picture as a painter fills in his canvas[4]." Competitions had already been launched in Europe in the past for the design of institutes or colleges, as was the case of those organized by the Accademia di San Luca in the 18th century[5]. What was new in Berkeley was that the "ideal home[6]" to be designed for the institution largely exceeded the limits of a single built complex as well as of any previous American campus. This scale jump was sealed with an ambition of immortality, with the competition brief claiming that "there will be no more necessity of remodeling its broad outlines a thousand years hence, than there would be of remodeling the Parthenon, had it come down to us complete and uninjured[7]."

The space-time absoluteness declared in Berkeley was legitimized by the enthusiastic reception of the principles for a modern university defined in 1810 by Wilhelm von Humboldt in Berlin, and following on the footsteps of Johns Hopkins University, the first great American research university modeled on the German example[8]. As is well known, the modern German university introduced a complementary notion of unity to the medieval one between teachers and students. This was the unity of teaching and research that, as put by Jurgen Habermas, responded to a conception of "the scientific process as a narcissistically self-enclosed process[9]". While set in contrast to the

3 Paul Venable Turner, *Campus. An American Planning Tradition*, Cambridge (MA), MIT Press, 1984.

4 Berkeley Trustees of the Phoebe A. Hearst Architectural Plan University of California, *The International Competition for the Phoebe A. Hearst Architectural Plan for the University of California*, San Francisco, The Trustees, 1900, p. 8.

5 Paola Marconi, Angela Cipriani and Enrico Valeriani (dir.), *I disegni di architettura dell'Archivio storico dell'Accademia di San Luca*, Rome, De Luca, 1974.

6 *Ibid.*, p. 10.

7 *Ibid.*

8 Jonathan R. Cole, *The Great American University. Its Rise to Preeminence, its Indispensable National Role, Why it Must Be Protected*, New York, Public Affairs, 2009.

9 Jürgen Habermas and John R. Blazek, "The Idea of the University: Learning Processes", *New German Critique*, no. 41, 1 April 1987, p. 10.

closed pattern of knowledge embedded in the older organization of the liberal arts and the associated educational canon based on repeating consolidated knowledge—the traditional way of understanding the activity of "studying"—the unity of teaching and research could not happen within spatial dispersion. The centering of place was required, and the passage from closed loop to open path of scientific enquiry was translated in space with an introverted, ultimately closed diagram, receiving in Berkeley the scale and architectural splendor worthy of a masterful Beaux-Arts composition.

"All has been arranged within the prescribed limits", wrote the jury about the winning entry awarded to E. Benard's pompously titled *Roma* project[10]. Choreographing buildings around a sequence of open spaces along a central axis, Benard's reference to Roman antiquity was a way to legitimize its careful assemblage of defensible quadrangles. In contrast to his sequence of fora, Howard and Cauldwell, awarded with the fourth prize, designed two parallel series of buildings flanking a central formal landscaped area. The clearer subdivisions and enclosures of the winning entry were here compromised by a more open-ended, extensible spatial principle, so that the jury's praise of Benard's capacity of staying "within the prescribed limits" resonated as a clear statement about the superiority of a spatially concentrated organization.

To be sure, Howard and Cauldwell's project was not a complete novelty in American university design. If anything, it provided a scale jump to a spatial principle that had been famously pioneered by Thomas Jefferson. Designed and built between 1817 and 1825, Jefferson's Academical Village for the University of Virginia in Charlottesville had marked a turning point in the history of pre-German reform university design[11]. In purely chronological terms, Von Humboldt's 1810 ideas were too much of a novelty to be swiftly incorporated inside Jefferson's aim to make higher education a key driver for democracy. After all, the University of Virginia was still a small college that stood very far from Berlin's grand palace of knowledge—a literal one, as the university took possession of the former Palace of Prince Heinrich.

Despite its contained size, Jefferson's design was nevertheless crucial for setting an idea of physical concentration as necessary to the correct functioning of the (higher) educational machinery. Yet, this was done in an ambiguous way that left the road ahead open for interpretation. Opposed to the then conventional American way of designing single buildings to house all parts of the institution, Jefferson argued for an exploded physical object that ritualized the life of the academic community as the constant movement along prescribed lines, within

10 *The International Competition for the Phoebe A. Hearst Architectural Plan, op. cit.*, p. 32.

11 Mary N. Woods, "Thomas Jefferson and the University of Virginia: Planning the Academic Village", *Journal of the Society of Architectural Historians*, vol. 44, no. 3, 1 October 1985, p. 266–283.

a clearly identifiable territory, and under the control of a clear spatial diagram of surveillance in which "every professor would be the police officer of the students adjacent to his own lodge[12]." Where the singularity of the professor dwelling-classroom pavilions flanking the central lawn was accentuated by designing a different façade for each, the addition of a continuous portico contradicted such move and declared the existence of a whole. It is known that the whole was made hierarchical only once Jefferson took on board Benjamin Latrobe's suggestion of a centerpiece for the composition. Before the Rotunda came into being, early sketches by Jefferson showed a much simpler and generic diagram: a horseshoe arrangement with no clear end and open onto the landscape[13]. Often interpreted as the manifestation of its author's anti-urban attitude, the University of Virginia was born with an intention of remaining ambiguous as to how much spatially closed or open a university should be. However, what was inherited from this early instance of an intentionally designed settlement was the fact that the university should remain concentrated in space, with ambiguity reduced to the illusionary metaphor of extensibility.

Many attempts have been made to identify the precedents to Jefferson's University of Virginia, spanning between French hospitals and countryside palaces[14]. Similar readings have been advanced of 17th century American colonial colleges, where the collegiate roots of Oxbridge evolved by opening the closed figure of the quadrangle, as a declaration of outward territorial ambitions[15]. This Europe-to-America migration of ideas was then inverted in the 20th century. After opening the quadrangle (early colonial colleges), pavilionizing the institution (Jefferson's Academical Village), and espousing the German research paradigm (the Berkeley competition), by 1900 the American university was ready to open its doors to European visitors in search for a new identity for their old institutions. Among the first to take on the invitation were a number of European delegates on study journeys across the most accomplished American campuses to inform the design of new "university cities" in their home capitals during the 1920s. These journeys provided an opportunity to confirm the unquestionable status of the principle of concentration, with official endorsement coming from *L'Architecture d'aujourd'hui* that claimed concentration as a characteristic leading back "to the very foundation of the first universities, that is, to the 12th century[16]". Rewriting the history of universities as

12 Thomas Jefferson, quoted in Paul Venable Turner, *Campus*, *op. cit.*, p. 74.

13 Sabrina Puddu, "Campus o cittadella? Il progetto di un'eredità", in Sabrina Puddu, Martino Tattara and Francesco Zuddas, *Territori della conoscenza*, Macerata, Quodlibet, 2017, p. 134–151.

14 André Corboz, "Les précédents du plan de Jefferson pour l'université de Virginie", *Artibus et Historiae*, vol. 26, no. 51, 1 January 2005, p. 173–194.

15 Paul Venable Turner, *Campus, op. cit.*

16 Alexandre Persitz, "Les cités universitaires", *L'Architecture d'aujourd'hui*, no. 6, June 1936, p. 8.

one of spatial concentration was legitimized through a wider reading of modernity as the necessary centralization of major establishments and services for collective life. "Concentrating these services is essential to their functioning and efficiency[17]"—and this was considered paramount for a university.

What the American example taught the Europeans of the 1920s was that universities needed to be big and clustered in space. If the Ciudad Universitaria in Madrid was "the first American-style campus in Europe[18]" that replicated the exile of the university from the city in the form of a large peripheral academic park, it was in Fascist Italy that the principle of concentration was put into use inside the city, giving architectural expression to centralized power. Commenting on his master plan for the Città Universitaria in Rome, Marcello Piacentini claimed that "the idea of concentrating all university institutes in a single, new, modern site could only find its legitimation in the political and ideological climate created by Fascism[19]." The lessons learned from Harvard, Virginia, Columbia, Pennsylvania, and California were both taken on board and disguised under a new, ideologically-charged invocation of Imperial Rome that, of course, was more obvious in Mussolini's capital city than in Berkeley's *Roma*, four decades earlier. The forum was promptly claimed as the model for a proper Italian university, with Piacentini hailing the availability of a large site in the city to implant a university "perpetuating in modern forms the spirit of ancient civility[20]."

The space-power nexus inherent in the principle of concentration became an obvious object of criticism in light of the post-war project for democratic open societies. As socialist ideals started permeating the architectural and planning discourse in response to two decades of dictatorships, it came as no surprise for the University Roman Forum to be listed among the main indicted for authoritarian social engineering. For a short time, especially between the 1960s and 1970s, a widespread debate on the joint futures of higher education, society, and their spaces developed. With open education considered a key asset for the Welfare State, universities became a privileged testing ground for ideas of democracy. However, the path to the open society was all but a smooth one as was the concentration principle all but easy to defeat.

Confirmation of such invincibility was found in the common strategy, among Western countries, to expand higher education by establishing new universities in peripheral locations and beyond main urban areas. Great Britain pioneered this trend, with the "Plateglass" universities hailed as gems of architectural innovation[21]. Designed to democ-

17 *Ibid.*
18 Pablo Campos Calvo-Sotelo, *The Journey of Utopia. The Story of the First American Style Campus in Europe*, New York, Nova Science Publishers, 2006.
19 Marcello Piacentini, "Metodi e caratteristiche", *Architettura*, no. XIV, 1935, p. 2.
20 *Ibid.*, p. 4.
21 Stefan Muthesius, *The Postwar University. Utopianist Campus and College*, London, Yale University Press, 2000.

ratize access to higher education, these universities were ultimately self-contained in small villages detached from properly urban environments. Their peripheral location revealed an anticipatory defense tactic: by keeping a distance from the city and its power structures, the new detached campuses could contain the palpable growing protest of the mid-1960s. This also allowed for architectural innovation to be promoted inside carefully protected environments, offering an opportunity too attractive for architects to refuse. Where many accepted the offer, often ending up realizing some of their most important projects—as in the case of Denys Lasdun in the UK, Walter Netsch in the US, and Arthur Erikson in Canada—others opposed it as a continuation of the status quo of elitist education. For the latter, to upset the equation between spatial centering and old-fashioned forms of top-down education, and really reinvent the university, it was necessary to find an antidote to concentration.

Mobility, something proper to the early *universitas* with no buildings, was such antidote. Cedric Price's 1966 *Potteries Thinkbelt* project is surely the most famous statement of mobile higher education[22]. Blurring the pure sphere of intellectual enquiry (the traditional realm of the university) with the impure one of labor, and translating this in the form of a university more similar to an industrial plant than to a traditional series of classrooms, libraries and lecture halls, Price's project has been read as an essay on the coming post-Fordist condition in which what is most stable is, ironically, a condition of instability[23]. Predicting the withering of a strong state, but at the same time longing for its decay as a paternalist presence, *Potteries Thinkbelt* stabbed in the back the old idea of a university acting *in loco parentis*. It crudely put in front of the eyes of a growing number of prospective graduates the desolate landscape of uncertainty that the new campuses blossoming in the Western world were hiding behind a pastoral screen. In such a scenario, anyone was made responsible for their own life, in a mixture of liberation from top-down chains and insecurity. Ultimately killing the Enlightenment promise of a transparent future achieved through knowledge, this new idea of the university dismantled the stable image of its palaces. Or, at least, it longed for establishing an alternative.
Similar ideas came from other architects that shared a common belief in the possibility of reinventing more open, liberating institutions through architecture. If Price found in an industrial plant the image of a different university, Giancarlo De Carlo looked at the protesting students on city streets as an anticipation of a dispersed university[24].

22 Cedric Price, "PTb. Potteries Thinkbelt. A Plan for an Advanced Educational Industry in North Staffordshire", *Architectural Design*, October 1966.

23 Pier Vittorio Aureli, "Labor and Architecture: Revisiting Cedric Price's Potteries Thinkbelt", *Log*, no. 23, December 2011, p. 97–118.

24 Giancarlo De Carlo, "Why/How to Build School Buildings", *Harvard Educational Review*, no. 4, 1969, p. 12–35.

His plan for the University of Pavia (1971–1976) literally translated such dispersion in the form of multiple "poles" located in different urban areas and designed as pieces of civic service open to a wider community than the academic group. Moved by similar motivations, his Team X colleague Shadrach Woods claimed the university to be an "education bazaar[25]". However, Woods' design response, as represented in the Free University built in Berlin, was opposite to De Carlo's. Rather than a literal pulverization throughout the urban fabric, the liberated and liberating university was, for Woods, a continuous architectural interior acting as a surrogate to the performance of an urban space but, ultimately, not escaping spatial concentration[26].

De Carlo's plan was not thoroughly implemented, and when Woods' Free University was opened in the mid 1970s, the times were approaching for the abrupt end to a short-lived season of thinking beyond the canon of concentration that had been driven by unashamed ideology at various degrees of the political left spectrum. Whereas radical ideas of pedagogy continued to illuminate the discriminatory power of centralized forms of schooling and kept the conversation on alternative educational ideas alive—particularly, the work of Ivan Illich and Paulo Freire[27]—, the space of higher education was soon absorbed in the vortex of the open market. With cuts to government funding becoming common to both European (mostly public) and American (largely private) higher education, various crossing paths were paved for the postmodern university in the age of the free market: Commercial Street, All-Administrative Avenue, Customers Row, Entrepreneurial Road, Excellence Close, etc.

The announcement of the "end of the grand narratives[28]" and the correlate postulate of a fragmentary condition constantly pieced together in search for a "difficult whole[29]", echoed in doubts as to the existence of "any 'common feature' left to the variegated collection of entities called universities, and to the equally variegated interior of any one of them [...] that upholds the claim of their unity[30]." This question was optimistically answered by its creator, Zygmunt Bauman, who claimed it to be:

25 Shadrach Woods, "The Education Bazaar", *Harvard Educational Review*, no. 4, 1969, p. 116–125.

26 Francesco Zuddas, "Pretentious Equivalence: De Carlo, Woods and Mat-Building", *FA Magazine*, no. 34, 2015, p. 45–65.

27 Ivan Illich, *Deschooling Society*, London/New York, Marion Boyars, 1970; Paulo Freire, *Pedagogy of the Oppressed*, New York, Herder and Herder, 1970.

28 Jean-François Lyotard, *The Postmodern Condition. A Report on Knowledge*, Minneapolis, University of Minnesota Press, 1979.

29 Robert Venturi, *Complexity and Contradiction in Architecture*, New York, Museum of Modern Art, 1966.

30 Zygmunt Bauman, "Universities: Old, New and Different", in Anthony Smith and Frank Webster (dir.), *The Postmodern University? Contested Visions of Higher Education in Society*, Buckingham, Society for Research into Higher Education & Open University Press, 1997, p. 20.

> "[...] the good luck of the universities that there are so many of them, that there are no two exactly alike, and that inside every university there is a mind-boggling variety of departments, schools, styles of thoughts, styles of conversation, and even styles of stylistic concerns. It is the good luck of the universities that [...] they are not comparable, not measurable by the same yardstick[31] [...]."

More than an attempt to find sense in the proliferation of higher education institutions that have claimed the status of university during the last four decades of the millennium, Bauman's postmodern optimism was an anticipatory warning of what laid waiting around the corner. This was the Bologna Process, the inter-ministerial agreement to make Europe into a single higher education area capable of contrasting the American domination. To surpass the competitor it was necessary to take on its identity, hence the homogenization of curricula (a common structure of Bachelor and Master) along with a growing aspiration to the corporatization of attitudes, protocols and language—not to mention all the related campus paraphernalia, gadgets and memorabilia.

Ironically, to homogenize it proved necessary to pursue an institutionalization of the values that were proposed as antidotes to the status quo of the old, immutable forms of elitist higher education. A fifty-year time jump since *Potteries Thinkbelt* finds us today taking for granted the very ideas that Price proposed as destabilizers of the status quo, with mobility being a banner of contemporary higher education[32]. The Erasmus generation has lived universities in rather different ways than their parents exactly because of the opportunity to move around countries, which is indubitably an enriching experience. At the same time, however, the variety of what they could get out of this movement has had very little to do with the encounter of really different ideas of university and more with an often extenuating process of conversion of exams and credits to fit bureaucratic requirements. Mobility has come to act more as a training ground for a forced life on the move—the age of the precariat—than as the postmodern constitution of self through piecing together true differences. At the base of this is an opposite reality to Bauman's end-of-millennium optimism: universities are, in essence, almost the same everywhere, the most relevant change brought by the European homogenizing project being the magnification of its bureaucratic apparatus.

31 *Ibid.*, p. 24.

32 Alida von Boch-Galhau, "On the Move: Cross-Border University Cooperation as Driver for Transnational Development", MA thesis, Architectural Association Graduate School, 2017.

Just as mobility has not created radical forms of bottom-up education as hoped by its progenitors fifty years ago, the prospect of more fluid forms of access to knowledge appears today compromised by the combined action of bureaucracy and commodity in higher education. The digital turn stimulated enthusiasm for making knowledge more fluidly accessible and, perhaps, de-centralizing its institutional channels[33]. Only a couple of decades into the 2000s, such enthusiasm seems to have shrunk due to the peculiar capacity of the university to absorb it as an ultimately unwanted revolution. While digital protocols have been introduced in the daily life of academic courses and in the administrative apparatus, they have up to now mostly been approached as mere technological tools without allowing them to shape a real epistemic shift in the idea of higher education, which remains anchored to its traditional resistance to change. Thus, the physical university not only survives, but it is also pushed to strengthen its concentration in space as a defense mechanism from the pulverization of knowledge on the digital highway and the cloud.

At a quick glance, statements made less than two decades ago about the postmodern university being "a knowledge and research emporium—a multi-centered, if not in fact centerless, learning 'center' that is radically de-centralized[34]" would appear to hold true today, when numbers of students are at their historical highest and higher education is offered by multiple institutions. Yet the de-centralized university is mostly the result of a mix of multiplied sameness and colonization, with more institutions aiming for the status of "the" university and the strongest ones opening branches in franchising around the world. If we consider the limited case of architecture as an academic discipline, the proliferation of visiting schools and the likes in the last decade has surely offered precious occasions for debate and confrontation but is ultimately worthless in a world that only values official transcripts, certificates, and titles granted by *real* universities. Thus, what has really been realized of the postmodern university is the "emporium", where everything—tutorials, research, discussions—is exchanged for money. Most critical diagnoses[35] of the contemporary state of the university signal the lost mission of unimpeded critical enquiry. What is teaching, other than a service bought by the students? What is research, if not the direct satisfaction of predetermined goals for the creation of utilitarian knowledge? Where—if anywhere—does the verb "to study"—if anyone is studying at all—dwell in the university today?

33 John Tiffin and Lalita Rajasingham, *The Global Virtual University*, Routledge Ltd, 2003; Carl A. Raschke, *The Digital Revolution, op. cit.*

34 *Ibid.*, p. 11.

35 Stefan Collini, *What Are Universities For?*, London, Penguin Books, 2012; Terry Eagleton, "The Slow Death of the University", *The Chronicle of Higher Education*, 6 April 2015.

We are witnessing a series of transformations of that thing we very hardly can define as the university's identity or, with a more commonly used term, its idea. Famously, an early and still consistently cited contribution was Cardinal Henry Newman's mid-19th century "The Idea of the University", where the point was made against professional and pro liberal education as "a habit of mind [...] which lasts through life[36]." Analyzing the condition of higher education at the end of the 20th century, Bill Readings traced a disquieting history of liberal education and the modern university, which he identified in the succession of three ideas: reason, culture, and excellence[37]. The University of reason was the product of the Kantian conflict of faculties, where the autonomy of critical enquiry (reason) was declared along with the superiority of philosophy over the three lower faculties. Creating an institution out of this was, as Readings noted, a contradiction in terms, because "reason can only be instituted if the institution remains a fiction[38]." The university was eventually institutionalized through its subjugation to a second idea—national culture—that shaped the ambiguous relation of autonomy from and subjugation to the State. Finally, entering the world of business corporations in the 1980s, the university turned to excellence as its subsuming idea, a very hard to define though because, as Readings put it, "everyone is excellent, in their own way[39]." Since excellence "draws only one boundary: the boundary that protects the unrestricted power of the bureaucracy[40]", the result is that "the University of excellence serves nothing other than itself, another corporation in a world of transnationally exchanged capital[41]".

Readings' words echo in the more recent ones of Stefan Collini, who raised again the problem of defining the idea of the university today in the form of a question:

> "Shouldn't we stop thinking in terms of the 19th century European ideal and focus instead on how it is the Asian incarnation of the Americanized version of the European model, with schools of technology, medicine, and management to the fore, which most powerfully instantiates the idea of the university in the 21st century[42]?"

Part of Collini's argument is that, over time, we have become used to thinking the university as possessing a set of features that make it tend

36 John Henry Newman, *The Idea of a University,* New Haven, Yale University Press, 1996, p. 77.

37 Bill Readings, *The University in Ruins*, Cambridge (MA), Harvard University Press, 1996.

38 *Ibid.*, p. 60.

39 *Ibid.*, p. 33.

40 *Ibid.*, p. 33.

41 *Ibid.*, p. 43.

42 Stefan Collini, *What Are Universities For?*, *op. cit.*, p. 13.

to the complete status of "the" university, something provided with a universal character, a sort of Platonic idea to aspire to. With their growth in number over the last century, universities themselves have aspired to a status of completeness, to be as identical as possible to the Platonic idea. Yet there is wide disagreement as to what this idea should be. Readings' diagnosis of the age of the empty bottle of excellence—which occupies center stage in commencement speeches and university websites—does not sustain much optimism, nor does Collini's dismissal of the frequent invocation of Cardinal Newman's theses on liberal education as just an anachronism.

By tracing a historical trajectory through the spatial vicissitudes of the university, from monastic origins to the digital turn, an institution in the constant search for identity is unveiled. This is a trajectory made of moments of appropriations (often from other types of organizations), codifications, failures, successes, exportations, re-appropriations, re-codifications, etc., in a continuous loop that took place across the Atlantic and that today has created a global geography of higher education trapped between the obsession for diversification and subdivision (with always new disciplines being created) and the threat of homogenization under the leveling sword of neo-liberalism.

Whereas other human functions have swiftly lent themselves to physical normalization, the university is remarkable for its reluctance to be subjugated to a similar process. Notably, it managed to escape the 19th century grand normalizing project—the invention of building types—as well as its late 20th century revisited version: neither Durand nor Pevsner included the university in their dictionaries[43]. If architecture does not manage to normalize, it means that there is something ultimately ungraspable in the reluctant patient, some sort of impurity. Located at the intersection of a subsection (allegedly the highest) of schooling, an instance of the workplace, and a service open to society at large, the university is a hardly definable type of organization. A general reason for the difficult codification stands in the fact that it has always been shaped by many forces outside of itself, which obliged it to continuously adapt to changing conditions. But it is probably the lack of an original identity as a built presence, that is, the medieval institution with no buildings, which has managed to survive as an autoimmune disease of the university, battling against the hegemonic principle of concentration. It is in its indefinability that the problems of the university lies, but also its capacity of survival and its hopeful redemption during dark times. Indubitably, they currently are not among the brightest.

43 Jean-Nicolas-Louis Durand, *Précis of the Lectures on Architecture. With Graphic Portion of the Lectures on Architecture,* Los Angeles, Getty Research Institute, 2000; Nikolaus Pevsner, *A History of Building Types*, London, Thames and Hudson, 1976.

ARCHIVES

ARCHIVES

174

174

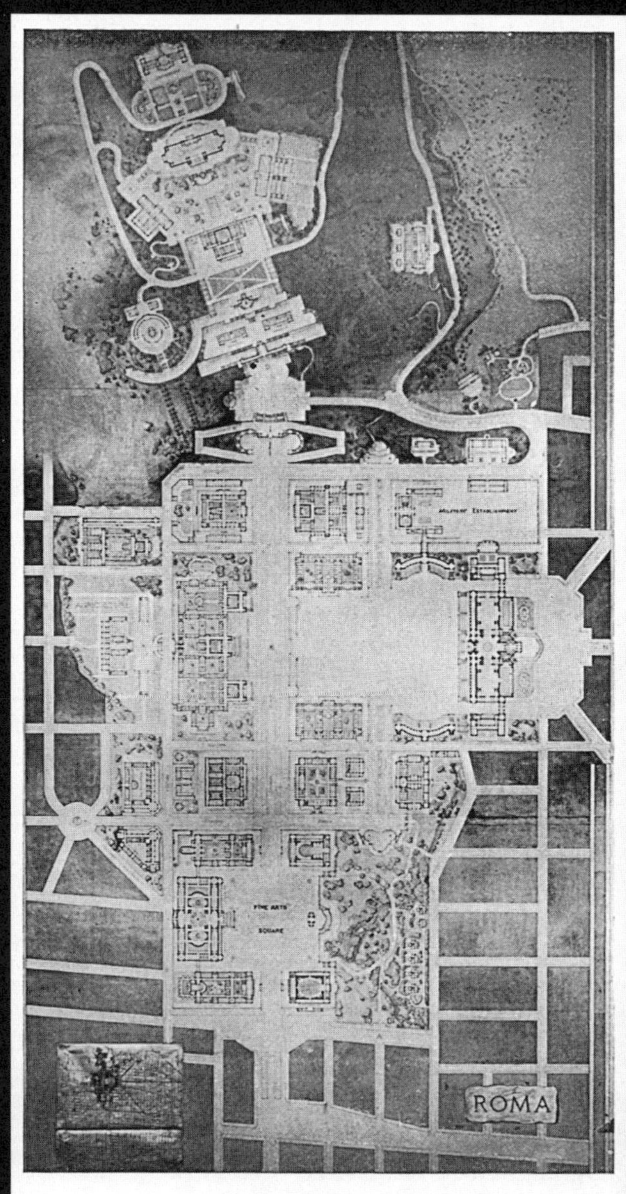

GENERAL PLAN.
FIRST PRIZE—*Monsieur E. Bénard.*

1, 2

"Filled with a single beautiful and harmonious picture as a painter fills in his canvas". First prize (E. Benard) and fourth prize (Howard and Cauldwell) at the International Competition for the Phoebe A. Hearst Architectural Plan for the University of California. Published in *The International Competition for the Phoebe A. Hearst Architectural Plan for the University of California*, San Francisco, The Trustees,

« Rempli d'une seule image, belle et harmonieuse, tel un peintre qui remplit sa toile. » Premier prix (E. Benard) et quatrième prix (Howard et Cauldwell) au concours international Phoebe A. Hearst pour les plans de reconstruction de l'université de Californie. Illustrations tirées de *The International Competition for the Phoebe A. Hearst Architectural Plan for the University of California*, San Francisco, The Trustees, 1900.

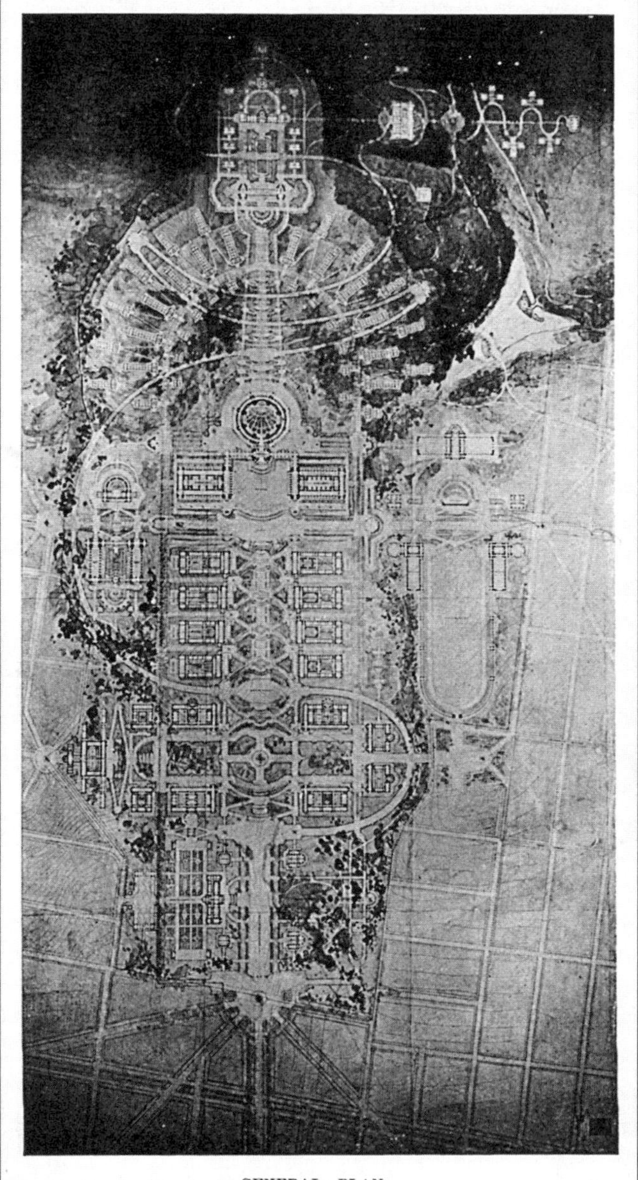

GENERAL PLAN.

FOURTH PRIZE—*Messrs. Howard and Cauldwell.*

ARCHITETTURA

RIVISTA DEL SINDACATO NAZIONALE FASCISTA ARCHITETTI

DIRETTA DA MARCELLO PIACENTINI

LA CITTÀ UNIVERSITARIA

DI ROMA

FASCICOLO SPECIALE CON 215 ILLUSTRAZIONI

MILANO - S. A. FRATELLI TREVES - EDITORI - ROMA

ANNATA XIV - 1935-XIV - NUMERO SPECIALE

Pubblicazione mensile — Conto Corr. con la posta

3 "Perpetuating in modern forms the spirit of ancient civility." Cover page of *Architettura*, no. 14, 1935. Special issue on the Città Universitaria in Rome (master plan by Marcello Piacentini).

3 « Perpétuer dans les formes modernes l'esprit de la civilité antique. » Couverture de *Architettura*, n° 14, 1935, numéro spécial sur la Città universitaria de Rome (plan directeur de Marcello Piacentini).

4 **The University in the street. Published in Giancarlo De Carlo, "Why/How to Build School Buildings", *Harvard Educational Review*, no. 4, 1969.**

4 L'université dans la rue, illustration tirée de Giancarlo De Carlo, « Why/How to Build School Buildings », *Harvard Educational Review*, n° 4, 1969.

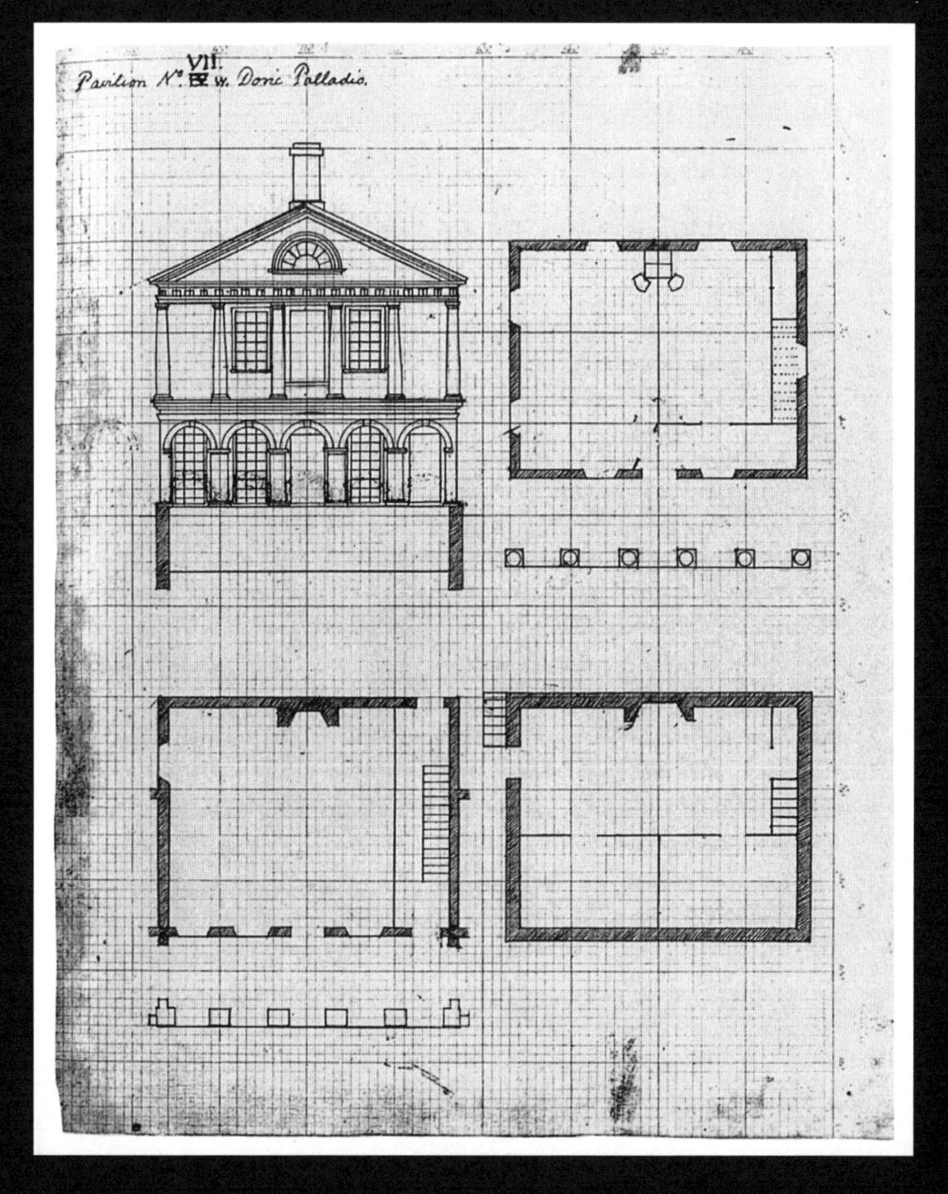

5, 6, 7 Control and individuality. The elevations and plans of three professors' pavilions at the University of Virginia with annotations by Thomas Jefferson (Thomas Jefferson Architectural Drawings for the University of Virginia, ca 1816–1819, *Accession*, no. 171, Special Collections, University of Virginia Library, Charlottesville, VA).

5, 6, 7 Contrôle et individualité : façades et plans de trois pavillons de professeurs à l'université de Virginie avec des annotations de Thomas Jefferson (Thomas Jefferson, dessins d'architecture pour l'université de Virginie, vers 1816-1819, *Accession*, n° 171, Collections spéciales, bibliothèque de l'université de Virginie, Charlottesville, Virginie).

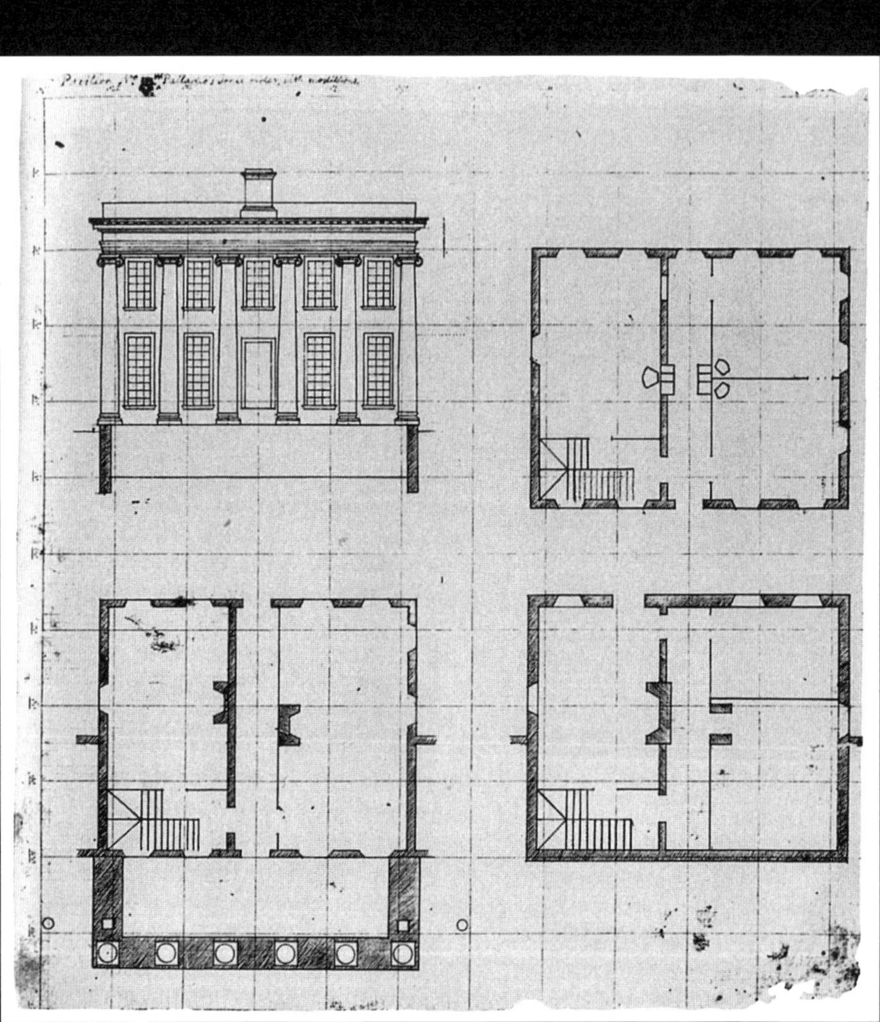

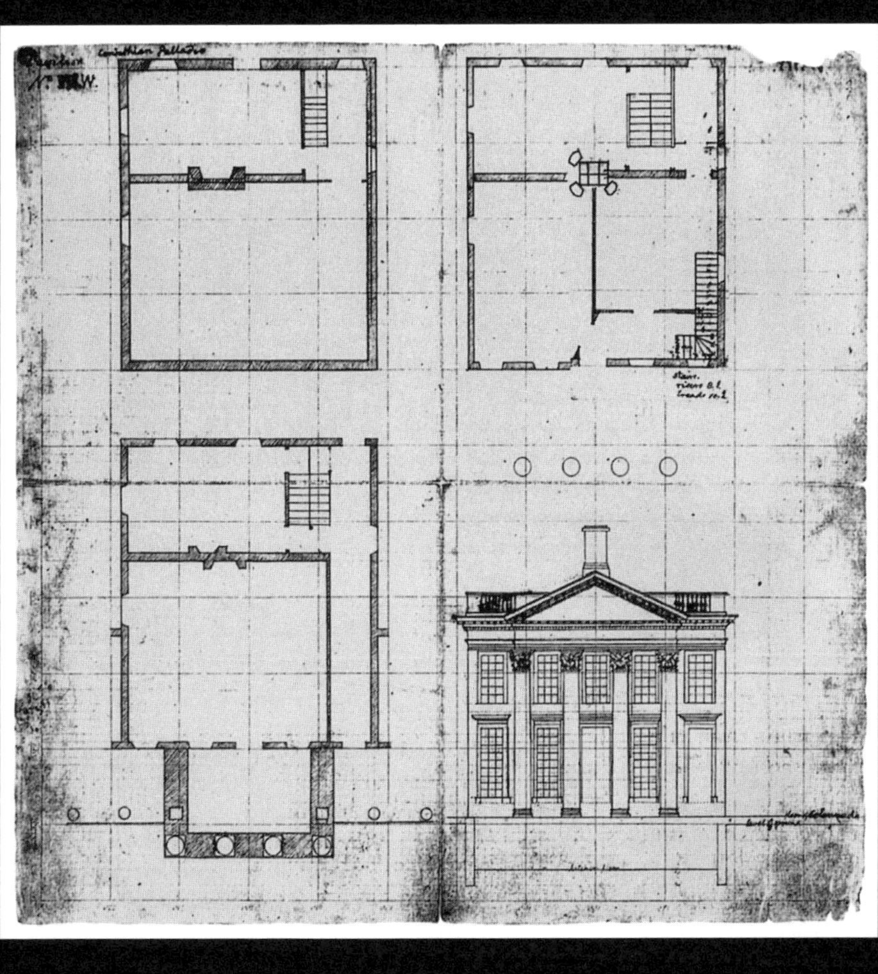

LE PROJET D'UNIVERSALITÉ

Francesco Zuddas

Une énigme de vocabulaire irrésolue résume notre incapacité ultime à définir ce que nous appelons communément *université*. À quoi renvoie son universalité ? Les études sur les origines médiévales de l'institution ont montré combien la formule *universitas societas magistrorum discipulorumque* faisait avant tout référence aux enseignants et aux étudiants en tant qu'ensemble[1]. On ne considérait pas la totalité des connaissances comme partie prenante de la dimension universelle de l'institution, ni l'on ne postulait l'existence d'une forme organisationnelle, territoriale ou bâtie unique. Davantage que par un lieu identifiable, les premières universités se définirent par les interactions et affrontements entre deux guildes différentes constituant le tissu social de l'Europe médiévale : les étudiants et les enseignants. Existant sans la présence d'un bâtiment dédié, les premières universités redéfinissaient sans cesse leur territoire en s'appropriant temporairement des espaces dans la ville. Cette logique fondatrice, que l'on retrouve à Bologne ou à Paris dans les premiers siècles après l'an 1000, se retrouve dans le colonialisme de l'enseignement supérieur en Amérique du Nord au XVIIe siècle, avec les débuts du Yale College qui était à l'origine « ambulant, comme le tabernacle dans le désert[2] ».

Comme dans le cas de nombreux groupes sociaux d'origine nomade, le chemin vers la maturité s'est aussi manifesté pour les universités par la volonté de gagner en stabilité spatiale et en territorialisation, de sorte qu'au XIXe siècle, il était devenu impensable que les universités existent sans bâtiment durable. Au fur et à mesure que les universités grandissaient et se subdivisaient en interne, la nécessité d'un espace approprié se précisait et se transformait en ce qui constituerait leur seul principe spatial dominant pour les années à venir : le principe de concentration. Qu'il soit difficile de vaincre ce principe, sa capacité à survivre à l'attaque la plus forte de l'histoire de l'enseignement supérieur l'a prouvé. Quand, vers 1968, on assimila la concentration spatiale à la centralisation du pouvoir entre les mains d'une autorité de contrôle, la lutte contre cette autorité conduisit à une victoire illusoire. Il est vrai qu'après la révolution, l'enseignement supérieur s'ouvrit à un plus grand nombre. Mais cela ne se fit pas dans les murs d'un nouveau type d'institution. Au contraire, l'université réussit à se protéger en renforçant son système immunitaire bureaucratique et en devenant une version gigantesque de son précédent moi : une organisation spatialement centralisée. Ce n'est qu'avec le virage numérique de la fin du XXe siècle que la perspective d'une université décentralisée apparut comme une possibilité. Mais on ne sait pas jusqu'à quel point la technologie de l'information a été – ou sera – capable de dissoudre la stabilité (du pouvoir et des espaces), qui a fait des universités l'une des formes d'organisation humaine les plus immuables et les plus conservatrices, ainsi que l'une des plus difficiles à saisir et à définir.

1 Charles Homer Haskins, *The Rise of Universities,* New York, H. Holt and company, 1923.
2 Carl A. Raschke, *The Digital Revolution and the Coming of the Postmodern University,* Londres/New York, Routledge Falmer, 2003, p. IX.

C'est dans la crise entre concentration et dispersion, c'est-à-dire dans ses stratégies spatiales, que l'université a manifesté sa recherche constante d'identité. La concentration dans un lieu a constitué la logique dominante depuis que l'université est devenue un projet, et en particulier un projet à grande échelle. Si l'on fait généralement remonter l'origine des universités à l'Europe médiévale et que leur deuxième naissance est également attestée comme européenne (mue par l'idéalisme allemand du début du XIXe siècle), la transformation de l'université en un vaste projet spatial est une invention américaine : avec une dénomination spécifique, *campus*, un mot qui, comme celui d'université, est sujet à de multiples interprétations[3]. Le concours Phoebe Hearst de 1896-1899 pour la conception de l'University of California à Berkeley a marqué un moment important dans la conception du campus. Pour la première fois, un concours permettait de rassembler à grande échelle différentes configurations pour un vaste territoire académique, un terrain « à remplir d'une seule et belle image harmonieuse comme un peintre remplit sa toile[4] ». Par le passé, on avait déjà lancé en Europe des concours pour la conception d'instituts ou de collèges – ainsi de ceux organisés par l'Accademia di San Luca au XVIIIe siècle[5]. La nouveauté à Berkeley résidait dans le fait que la « maison idéale[6] » à concevoir pour l'établissement dépassait largement les limites du seul complexe bâti ainsi que celles de n'importe quel campus américain antérieur. Ce saut d'échelle était scellé d'une ambition d'immortalité, l'appel à projet affirmant qu'« il ne serait pas plus nécessaire de remodeler ses grandes lignes dans mille ans qu'il ne le serait de remodeler le Parthénon, s'il nous était parvenu complet et indemne[7] ».

L'absolu spatio-temporel proclamé à Berkeley se vit légitimé par la réception enthousiaste des principes d'une université moderne définis en 1810 par Wilhelm von Humboldt à Berlin, et sur les traces de la Johns Hopkins University, la première grande université de recherche américaine inspirée du modèle allemand[8]. Comme on le sait, l'université moderne allemande a introduit une notion complémentaire d'unité à celle, médiévale, entre enseignants et étudiants, à savoir l'unité de l'enseignement et de la recherche qui, comme Jurgen Habermas l'a affirmé, répondait à une conception du « processus scientifique comme processus narcissiquement autonome[9] ». Bien qu'opposée à la structure fermée du savoir issue de

3 Paul Venable Turner, *Campus. An American Planning Tradition,* Cambridge (Mass.), MIT Press, 1984.

4 Berkeley Trustees of the Phoebe A. Hearst Architectural Plan University of California, *The International Competition for the Phoebe A. Hearst Architectural Plan for the University of California,* San Francisco, The Trustees, 1900, p. 8.

5 Paola Marconi, Angela Cipriani, Enrico Valeriani (dir.), *I disegni di architettura dell'Archivio storico dell'Accademia di San Luca,* Rome, De Luca, 1974.

6 *Ibid.,* p. 10.

7 *Ibid.*

8 Jonathan R. Cole, *The Great American University. Its Rise to Preeminence, its Indispensable National Role, Why it Must Be Protected,* New York, Public Affairs, 2009.

9 Jürgen Habermas, John R. Blazek, « The Idea of the University, Learning Processes », *New German Critique,* n° 41, 1er avril 1987, p. 10.

l'ancienne organisation des sciences humaines et au canon éducatif qui lui était associé, basé sur la répétition d'un savoir consolidé (la manière traditionnelle d'envisager l'activité d'« étudier »), l'unité de l'enseignement et de la recherche ne pouvait se produire dans la dispersion spatiale. La centralisation du lieu s'imposait et le passage de la boucle fermée à la voie ouverte de la recherche scientifique se traduisait dans l'espace par un schéma introverti, finalement fermé, prenant à Berkeley une ampleur et une splendeur architecturales dignes d'une composition artistique magistrale.

« Tout a été conçu dans les limites prescrites », écrivait le jury à propos du premier prix accordé au projet pompeusement nommé *Roma* par E. Benard[10]. Chorégraphiant les bâtiments autour d'une série d'espaces ouverts le long d'un axe central, la référence de Benard à l'Antiquité romaine était un moyen de légitimer son montage minutieux de quadrilatères. Contrairement à cette série de forums, Howard et Cauldwell, récompensés par le quatrième prix, avaient conçu deux séries parallèles de bâtiments flanquant une zone paysagée centrale. Les subdivisions et clôtures plus marquées du premier prix étaient ici compromises par un principe spatial plus ouvert et plus extensible, de sorte que l'éloge du jury de la capacité de Benard à rester « dans les limites prescrites » résonnait comme l'affirmation sans appel de la supériorité d'une organisation spatiale concentrée.

Certes, le projet de Howard et Cauldwell n'était pas entièrement nouveau dans le design universitaire américain. En tout cas, il offrait un saut d'échelle à un principe spatial glorieusement introduit par Thomas Jefferson. Conçu et construit entre 1817 et 1825, le Village académique de Jefferson pour l'université de Virginie à Charlottesville a marqué un tournant dans l'histoire de la conception des universités d'avant la réforme allemande[11]. En termes purement chronologiques, les idées de Von Humboldt de 1810 étaient trop nouvelles pour se voir intégrées rapidement dans l'objectif de Jefferson de faire de l'enseignement supérieur un élément clé de la démocratie. Après tout, l'université de Virginie était encore un petit collège bien loin du grand palais berlinois du savoir (au sens propre, puisque l'université vint s'installer dans l'ancien palais du prince Heinrich).

En dépit de sa taille réduite, l'architecture de Jefferson fut néanmoins cruciale pour implanter l'idée de la nécessité de la concentration physique pour le bon fonctionnement de la machine éducative (supérieure). Mais cela se fit de manière ambiguë, laissant la voie libre à l'interprétation. Opposé à la manière américaine conventionnelle de concevoir des bâtiments uniques pour abriter toutes les parties de l'institution, Jefferson défendait l'idée d'un objet physique disséminé, ritualisant la vie de la communauté académique comme le mouvement constant le long des lignes prescrites, dans un territoire clairement identifiable et sous le contrôle d'un schéma spatial de surveillance clair, dans lequel « chaque professeur

10 *The International Competition for the Phoebe A. Hearst Architectural Plan, op. cit.*, p. 32.

11 Mary N. Woods, « Thomas Jefferson and the University of Virginia, Planning the Academic Village », *Journal of the Society of Architectural Historians,* vol. 44, n° 3, 1er octobre 1985, p. 266-283.

serait le policier des étudiants contigus à son propre pavillon[12] ». Si la conception d'une façade différente pour chacun soulignait la singularité des pavillons d'enseignement-logement des professeurs flanquant la pelouse centrale, l'ajout d'un portique ininterrompu venait contredire ce mouvement et affirmer l'existence d'un tout. On sait que l'ensemble ne se hiérarchisa que lorsque Jefferson prit en compte la suggestion de Benjamin Latrobe d'une pièce maîtresse au sein de la composition. Avant la naissance de la rotonde, les premiers croquis de Jefferson présentaient un schéma beaucoup plus simple et générique : une composition en fer-à-cheval sans extrémité claire et ouvrant sur le paysage[13]. Souvent interprétée comme la manifestation de l'attitude anti-urbaine de son auteur, l'université de Virginie est née avec l'intention de rester ambiguë quant à la nécessité pour une université de s'ouvrir ou de se fermer spatialement. Mais nous avons hérité de cet exemple précoce de conception d'un bâtiment dédié le fait que l'université devait rester concentrée dans l'espace, l'ambiguïté se réduisant à la métaphore illusoire de l'extensibilité.

Des hôpitaux français aux palais de campagne, on a souvent tenté d'identifier les modèles de l'université de Virginie de Jefferson[14]. On a proposé des lectures similaires des collèges coloniaux américains du XVIIe siècle, dans lesquels les racines collégiales d'Oxbridge ont évolué grâce à l'ouverture de la figure fermée du quadrilatère en une déclaration d'ambitions territoriales extérieures[15]. Cette migration des idées de l'Europe vers l'Amérique s'est inversée au XXe siècle. Après avoir ouvert le quadrilatère (les premiers collèges coloniaux), transformé l'institution en pavillons (le Village académique de Jefferson) et adopté le paradigme de la recherche allemande (le concours de Berkeley), l'université américaine était prête en 1900 à ouvrir ses portes aux visiteurs européens en quête d'une identité nouvelle pour leurs vieilles institutions. Parmi les premiers à accepter l'invitation, on trouve un certain nombre de délégués européens en voyage d'étude à travers les campus américains les plus accomplis pour inspirer la conception de nouvelles « villes universitaires » dans leurs capitales au cours des années 1920. Ces voyages furent l'occasion de confirmer le statut indiscutable du principe de concentration, avec l'approbation officielle de *L'Architecture d'aujourd'hui*, qui affirmait que la concentration était une caractéristique qui remontait « au fondement même des premières universités, à savoir au XIIe siècle[16] ». On légitima la réécriture de l'histoire des universités comme celle d'une concentration spatiale par une lecture plus large de la modernité en tant que nécessaire centralisation des grands

12 Thomas Jefferson, cité dans Paul Venable Turner, *Campus, op. cit.*, p. 74.

13 Sabrina Puddu, « Campus o cittadella ? Il progetto di un'eredità », in Sabrina Puddu, Martino Tattara, Francesco Zuddas, *Territori della conoscenza,* Macerata, Quodlibet, 2017, p. 134-151.

14 André Corboz, « Les précédents du plan de Jefferson pour l'université de Virginie », *Artibus et Historiae,* vol. 26, n° 51, 1er janvier 2005, p. 173-194.

15 Paul Venable Turner, *Campus, op. cit.*

16 Alexandre Persitz, « Les cités universitaires », *L'Architecture d'aujourd'hui,* n° 6, juin 1936, p. 8.

établissements et services dédiés à la vie collective : « Concentrer ces services est essentiel à leur fonctionnement et à leur efficacité[17] » – un élément considéré comme primordial pour une université.

L'exemple américain a enseigné aux Européens des années 1920 que les universités devaient être grandes et groupées dans l'espace. Si la Ciudad Universitaria de Madrid fut « le premier campus de style américain en Europe[18] », reproduisant l'exil de l'université hors de la ville sous la forme d'un grand parc académique périphérique, c'est dans l'Italie fasciste qu'on utilisa le principe de concentration à l'intérieur de la ville, conférant une expression architecturale au pouvoir centralisé. Commentant son plan directeur pour la Città Universitaria à Rome, Marcello Piacentini affirmait que « l'idée de concentrer tous les instituts universitaires dans un seul nouveau site moderne ne pouvait trouver sa légitimation que dans le climat politique et idéologique engendré par le fascisme[19] ». Les leçons enseignées par Harvard, les universités de Virginie, Colombie-Britannique, Pennsylvanie et Californie furent adoptées et déguisées sous une nouvelle invocation idéologiquement marquée au sceau de la Rome impériale, plus flagrante bien sûr dans la capitale de Mussolini que dans la *Roma* de Berkeley quatre décennies plus tôt. Le forum fut rapidement revendiqué comme le modèle d'une université proprement italienne, Piacentini saluant la disponibilité d'un grand site dans la ville pour implanter une université « perpétuant dans les formes modernes l'esprit de la civilité antique[20] ».

Le lien entre espace et pouvoir, inhérent au principe de concentration, devint un objet de critique évident à la lumière du projet d'après guerre pour des sociétés démocratiques ouvertes. Alors que les idéaux socialistes commençaient à imprégner le discours de l'architecture et de la planification en réponse à deux décennies de dictature, il n'est pas surprenant que l'université romaine ait figuré parmi les principales accusées d'ingénierie sociale autoritaire. Pendant une courte période, et notamment dans les années 1960 et 1970, émergea un vaste débat sur le futur commun de l'enseignement supérieur, de la société et de leurs espaces. L'éducation ouverte, considérée comme un atout central pour l'État-providence, les universités devinrent un terrain d'essai privilégié pour les idées démocratiques. Pourtant, la voie vers la société libre était tout sauf tracée et le principe de concentration tout sauf facile à vaincre.

On trouve la confirmation de cette invincibilité dans la stratégie commune des pays occidentaux consistant à développer l'enseignement supérieur en créant de nouvelles universités dans des lieux périphériques et hors des principales zones urbaines. La Grande-Bretagne fut la pionnière de cette tendance, les *Plateglass universities* étant considérées comme des

17 *Ibid.*

18 Pablo Campos Calvo-Sotelo, *The Journey of Utopia. The Story of the First American Style Campus in Europe*, New York, Nova Science Publishers, 2006.

19 Marcello Piacentini, « Metodi e caratteristiche », *Architettura*, n° XIV, 1935, p. 2.

20 *Ibid.*, p. 4.

21 Stefan Muthesius, *The Postwar University. Utopianist Campus and College*, Londres, Yale University Press, 2000.

joyaux de l'innovation architecturale[21]. Conçues pour démocratiser l'accès à l'enseignement supérieur, ces universités étaient en fait de petits villages autonomes, détachés de l'environnement urbain à proprement parler. Leur emplacement périphérique révélait une tactique de défense anticipatrice : en se tenant à distance de la ville et de ses structures de pouvoir, les nouveaux campus autonomes pouvaient contenir la montée palpable des protestations du milieu des années 1960. Cela permettait également de promouvoir l'innovation architecturale dans des environnements soigneusement protégés, offrant une opportunité extrêmement séduisante pour les architectes. Si beaucoup acceptèrent l'offre, finissant souvent par réaliser certains de leurs projets les plus importants – comme Denys Lasdun au Royaume-Uni, Walter Netsch aux États-Unis et Arthur Erikson au Canada –, d'autres refusèrent au nom de la perpétuation du *statu quo* de l'éducation élitiste. Pour ces derniers, la solution tenait dans un antidote à la concentration, dans le renversement de l'équation entre centralisation spatiale et formes démodées d'éducation descendante et dans la réinvention véritable de l'université.

La mobilité propre aux premières *universitas* sans bâtiments représentait l'un de ces antidotes. Le projet de Cedric Price en 1966, la *Potteries Thinkbelt*, est sans doute le manifeste le plus célèbre de l'enseignement supérieur mobile[22]. Mélangeant la pure sphère de la recherche intellectuelle (le domaine traditionnel de l'université) et celle impure du travail ouvrier à travers une université plus semblable à un site industriel qu'à un ensemble traditionnel de salles de classe, de bibliothèques et d'amphithéâtres, le projet de Price a été considéré comme un essai sur la condition postfordiste à venir, dans laquelle l'ironie veut que le plus stable soit la condition d'instabilité[23]. Prédisant le dépérissement de l'État-providence, mais désirant en même temps sa décadence en tant que présence paternaliste, la *Potteries Thinkbelt* poignardait dans le dos la vieille notion d'une université œuvrant *in loco parentis*. Elle mettait brutalement sous les yeux d'un nombre croissant de futurs diplômés le paysage désolé de l'incertitude que dissimulaient derrière un écran pastoral les nouveaux campus fleurissant dans le monde occidental. Dans ce scénario, chacun était responsable de sa propre vie, dans un mélange de libération des chaînes de la domination et d'insécurité. Écartant finalement la promesse des Lumières d'un avenir limpide au travers de la connaissance, cette nouvelle idée de l'université démantelait l'image stable de ses palais – ou rêvait du moins d'établir une alternative.

D'autres architectes, partageant une croyance commune en la possibilité de réinventer des institutions plus ouvertes et libératrices à travers l'architecture, proposèrent des idées similaires. Si Price trouvait dans le site industriel l'image d'une université différente, Giancarlo De Carlo

22 Cedric Price, « PTb, Potteries Thinkbelt, a Plan for an Advanced Educational Industry in North Staffordshire », *Architectural Design*, octobre 1966.

23 Pier Vittorio Aureli, « Labor and Architecture. Revisiting Cedric Price's Potteries Thinkbelt », *Log*, n° 23, décembre 2011, p. 97-118.

voyaient les étudiants qui protestaient dans les rues de la ville comme l'anticipation d'une université dispersée[24]. Son plan pour l'université de Pavie (1971-1976) traduisait littéralement cette dispersion sous la forme de multiples « pôles » situés dans différentes zones urbaines et conçus comme des services civiques ouverts à une communauté plus large que le groupe universitaire. Poussé par des motivations similaires, son collègue du Team X, Shadrach Woods, affirmait que l'université était un « bazar de l'éducation[25] ». Mais la réponse architecturale de Woods, comme en témoigne l'Université libre construite à Berlin, était à l'opposé de celle de De Carlo. Plutôt qu'une pulvérisation littérale à travers le tissu urbain, l'université libérée et libératrice était, pour Woods, un intérieur architectural ininterrompu agissant comme substitut à la performance d'un espace urbain, mais n'échappant pas au final à la concentration spatiale[26].

Le plan de De Carlo ne vit pas complètement le jour. Et quand l'Université libre de Woods ouvrit ses portes au milieu des années 1970, la fin abrupte de la courte parenthèse de pensée hors du modèle de concentration, mue par une idéologie revendiquée à divers degrés du spectre de la gauche politique, approchait. Alors que les idées radicales en pédagogie continuaient de souligner le pouvoir discriminatoire des formes centralisées de scolarisation et nourrissaient le dialogue sur les concepts d'éducation alternative – notamment l'œuvre d'Ivan Illich et de Paulo Freire[27] –, l'espace de l'enseignement supérieur se trouva bientôt aspiré par le vortex du marché libre. Les coupes dans les financements publics se généralisant dans l'enseignement supérieur européen (essentiellement public) et américain (largement privé), on pavait des voies convergentes pour l'université postmoderne à l'ère du marché libre : rue du Commerce, avenue des Administrations, allée de la Clientèle, route Entrepreneuriale, clos de l'Excellence, etc.

L'annonce de la « fin des grands récits[28] » et le postulat corrélatif d'une condition fragmentaire constamment recomposée en quête d'un « tout difficile[29] » faisaient écho aux doutes quant à l'existence du « moindre "trait commun" à la multitude bigarrée d'entités que l'on nomme universités et aux fonctionnements internes tout aussi variés de chacune d'entre elles [...], qui vienne soutenir la revendication de leur unité[30] ». L'auteur de la question, Zygmunt Bauman, y répondit de manière optimiste, affirmant :

24 Giancarlo De Carlo, « Why/How to Build School Buildings », *Harvard Educational Review,* n° 4, 1969, p. 12-35.

25 Shadrach Woods, « The Education Bazaar », *Harvard Educational Review,* n° 4, 1969, p. 116-125.

26 Francesco Zuddas, « Pretentious Equivalence, De Carlo, Woods and Mat-Building », *FA Magazine,* n° 34, 2015, p. 45-65.

27 Ivan Illich, *Une société sans école* (1970), Paris, Point, 2003 ; Paulo Freire, *Pédagogie des opprimés* (1970), Paris, Maspero, 1982.

28 Jean-François Lyotard, *La Condition postmoderne. Rapport sur le savoir,* Paris, éditions de Minuit, 1979.

29 Robert Venturi, *Complexity and Contradiction in Architecture,* New York, Museum of Modern Art, 1966.

30 Zygmunt Bauman, « Universities, Old, New and Different », in Anthony Smith, Frank Webster (dir.), *The Postmodern University? Contested Visions of Higher Education in Society,* Buckingham, Society for Research into Higher Education & Open University Press, 1997, p. 20.

> « [...] la chance des universités était leur nombre, leur singularité et, dans chaque université, la variété ahurissante de départements, d'écoles, de styles de pensée, de styles d'échanges et même de styles de préoccupations stylistiques. C'est la chance des universités [...] de n'être ni comparables ni mesurables à l'aune d'un critère commun[31] ».

Il ne s'agissait pas tant pour Bauman et son optimisme postmoderne de trouver un sens à la prolifération des établissements d'enseignement supérieur ayant revendiqué le statut d'université durant les quatre dernières décennies du millénaire, que de lancer un avertissement anticipé sur ce qui attendait celle-ci au tournant – à savoir le processus de Bologne, l'accord interministériel visant à faire de l'Europe un seul espace d'enseignement supérieur capable de s'opposer à la domination américaine. Pour dépasser le concurrent, il fallait copier son identité, d'où l'homogénéisation des parcours (grâce à une structure commune de licences et de masters) avec une aspiration croissante à la corporatisation des attitudes, des protocoles et du langage – sans oublier tout l'arsenal de gadgets et souvenirs de campus qui l'accompagnent.

Ironiquement, il s'est avéré nécessaire, pour homogénéiser, de poursuivre l'institutionnalisation des valeurs proposées comme antidotes au *statu quo* des anciennes formes immuables de l'enseignement supérieur élitiste : cinquante ans après la *Potteries Thinkbelt,* on considère aujourd'hui acquises les idées mêmes que Price proposait pour déstabiliser le *statu quo,* avec la mobilité comme étendard de l'enseignement supérieur actuel[32]. La génération Erasmus a vécu les universités de manière assez différente de celle de ses parents, précisément à cause de la possibilité de se déplacer d'un pays à un autre. Ce fut sans nul doute une expérience enrichissante. En même temps, la variété de ce qu'elle a pu retirer de ces déplacements n'est pas due à une véritable rencontre avec des versions singulières de l'université, mais davantage à un processus souvent exténuant de conversion des examens et des unités de valeur en réponse aux exigences bureaucratiques. La mobilité est devenue le terrain d'entraînement d'une vie contrainte au mouvement (l'ère de la précarité), plutôt que la constitution postmoderne de l'individu par la confrontation à de vraies différences. À l'origine de cela, se trouve une réalité à l'opposé de l'optimisme « fin de millénaire » de Bauman : les universités sont, en substance, partout les mêmes, le changement le plus pertinent apporté par le projet d'homogénéisation européen étant l'extension de son appareil bureaucratique.

De même que la mobilité n'a pas créé de formes radicales d'éducation ascendante comme l'espéraient ses initiateurs il y a cinquante ans, la perspective de formes plus fluides d'accès au savoir apparaît aujourd'hui compromise par l'action conjuguée de la bureaucratie et de la marchandi-

31 *Ibid.,* p. 24.

32 Alida von Boch-Galhau, « On the Move, Cross-Border University Cooperation as Driver for Transnational Development », mémoire de Master, Architectural Association Graduate School, 2017.

sation de l'enseignement supérieur. Le virage numérique a stimulé l'enthousiasme pour la fluidification et l'accessibilité des savoirs ainsi que, peut-être, pour la décentralisation de ses canaux institutionnels[33]. Deux décennies à peine après l'an 2000, cet enthousiasme semble avoir faibli du fait de la capacité singulière de l'université à absorber cette révolution comme finalement indésirable. Alors que les protocoles numériques ont été introduits dans la vie quotidienne des enseignements et dans l'appareil administratif, ils ont pour la plupart été envisagés comme de simples outils technologiques, sans leur permettre de former un véritable changement épistémique dans le concept d'enseignement supérieur, qui reste pris dans sa résistance traditionnelle au changement. Ainsi, non seulement l'université au sens physique du terme survit-elle, mais elle est poussée à renforcer sa concentration dans l'espace en un mécanisme de défense contre la pulvérisation du savoir sur les autoroutes numériques et le *cloud*.

Au premier abord, les déclarations faites il y a moins de vingt ans à propos de l'université postmoderne comme « citadelle de connaissances et de recherches, "centre" d'apprentissage à foyers multiples, si ce n'est privé de centre, du moins radicalement décentralisé[34] » pourraient paraître tenir encore aujourd'hui, alors que le nombre d'étudiants est à son plus haut niveau historique et qu'une multiplicité d'institutions proposent un enseignement supérieur. Pourtant, l'université décentralisée résulte principalement d'un mélange de similitudes et de colonisation, de plus en plus d'institutions visant le statut d'« université » et les plus imposantes d'entre elles ouvrant des branches franchisées à travers le monde. Si l'on considère le cas limité de l'architecture comme discipline académique, la prolifération des écoles invitées et autres échanges ces dix dernières années a certainement offert de précieuses occasions de débat et de confrontation, mais n'a au final aucune valeur dans un monde qui ne valorise que les relevés de notes officiels, les diplômes et les titres attribués par de *véritables* universités. Aussi ce qui a vraiment été réalisé dans l'université postmoderne, c'est une sorte de grand magasin, un lieu où tout – cours, recherches, discussions – s'échange contre de l'argent. Les diagnostics les plus critiques[35] de l'état actuel de l'université pointent l'échec de la mission de la recherche indépendante. Qu'est-ce que l'enseignement, si ce n'est un service acheté par les étudiants ? Qu'est-ce que la recherche, si ce n'est la satisfaction directe d'objectifs prédéterminés pour la création de connaissances utilitaires ? Où, précisément, le verbe « étudier » – si l'on étudie encore quelque part – est-il rattaché à l'université aujourd'hui ?

Nous assistons à la dernière d'une série de métamorphoses de cette chose que nous pouvons très difficilement définir comme l'identité de l'université ou, par un terme plus couramment utilisé, son idée. La fameuse

33 John Tiffin, Lalita Rajasingham, *The Global Virtual University,* Routledge Ltd, 2003 ; Carl A. Raschke, *The Digital Revolution, op. cit.*

34 *Ibid.,* p. 11.

35 Stefan Collini, *What Are Universities For?,* Londres, Penguin Books, 2012 ; Terry Eagleton, « The Slow Death of the University », *The Chronicle of Higher Education,* 6 avril 2015.

contribution du cardinal Henry Newman au milieu du XIXe siècle, invariablement évoquée, « l'idée de l'Université », se positionnait contre l'éducation professionnelle et libérale comme « une habitude de l'esprit [...] qui dure toute la vie[36] ». Analysant les conditions de l'enseignement supérieur à la fin du XXe siècle, Bill Readings a retracé une histoire inquiétante de l'éducation libérale et de l'université moderne, qu'il a définies au prisme d'une série de trois notions : la raison, la culture et l'excellence[37]. L'Université de la raison est le produit du conflit kantien des facultés, où l'autonomie de la recherche critique (la raison) s'affirme par la supériorité de la philosophie sur les trois facultés inférieures. Créer une institution à partir de ce postulat était, comme l'a noté Readings, une contradiction dans les termes, puisqu'« on ne peut instituer la raison que si l'institution reste une fiction[38] ». L'université fut finalement institutionnalisée par son assujettissement à une deuxième idée, la culture nationale, qui a façonné la relation ambiguë entre autonomie et assujettissement à l'État. Finalement, avec son entrée dans le monde de l'entreprise dans les années 1980, l'université s'est tournée vers l'excellence comme concept fédérateur, mais très difficile à définir puisque, comme le dit Readings, « chacun est excellent à sa manière[39] ». Puisque l'excellence « ne dessine qu'une seule frontière : la frontière qui protège le pouvoir illimité de la bureaucratie[40] », il en résulte que « l'Université de l'excellence ne sert à rien d'autre qu'à elle-même, une autre corporation dans un monde d'échanges de capitaux transnationaux[41] ».

Les propos de Readings font écho à ceux plus récents de Stefan Collini, qui soulève de nouveau le problème de la définition de la notion d'université aujourd'hui sous la forme d'une question :

> « Ne devrions-nous pas cesser de penser en termes d'idéal européen du XIXe siècle et nous concentrer plutôt sur la façon dont l'incarnation asiatique de la version américanisée du modèle européen, avec la mise en avant de ses départements de technologie, de médecine et de gestion, illustre le plus puissamment la notion d'université au XXIe siècle[42] ? »

Une partie de l'argument de Collini est qu'au fil du temps, nous avons pris l'habitude de penser que l'université possédait un ensemble de caractéristiques lui permettant de tendre au plein statut d'« université », statut doté d'un caractère universel, sorte d'idée platonicienne à laquelle aspirer.

36 John Henry Newman, *The Idea of a University,* New Haven, Yale University Press, 1996, p. 77.
37 Bill Readings, *The University in Ruins,* Cambridge (Mass.), Harvard University Press, 1996.
38 *Ibid.,* p. 60.
39 *Ibid.,* p. 33.
40 *Ibid.,* p. 33.
41 *Ibid.,* p. 43.
42 Stefan Collini, *What Are Universities For ?, op. cit.,* p. 13.

Avec leur croissance en nombre au cours du siècle dernier, les universités elles-mêmes ont aspiré à une forme de totalité, cherché à ressembler autant que possible à cette idée platonicienne. Pourtant, il existe un fort désaccord quant à ce que devrait être cette idée. Le diagnostic de Bill Readings sur l'ancienne idée de culture transformée en discours de « l'excellence » – qui occupe une place centrale dans les discours d'ouverture et sur les sites web des universités – n'est guère optimiste, pas plus que le rejet par Collini de l'invocation fréquente des thèses du cardinal Newman sur l'éducation libérale comme étant un pur anachronisme.

En retraçant une trajectoire historique à travers les vicissitudes spatiales de l'université, des origines monastiques au tournant numérique, c'est une institution en quête constante d'identité qui se dévoile : une trajectoire faite de moments d'appropriation (souvent par d'autres types d'organisations), de codification, d'échec, de réussite, d'exportation, de réappropriation, de recodification, etc., en une boucle continue qui, partie de l'autre côté de l'Atlantique, a engendré aujourd'hui une géographie globale de l'enseignement supérieur, piégée par l'obsession de la diversification et de la subdivision (avec la création constante de nouvelles disciplines) et par la menace de l'homogénéisation sous l'action nivelante du néolibéralisme.

Tandis que d'autres fonctions humaines se sont rapidement prêtées à une normalisation physique, l'université apparaît remarquable par sa réticence à se soumettre à un tel processus. Elle a notamment réussi à échapper au grand projet normalisateur du XIXe siècle avec l'invention de bâtiments types, ainsi qu'à sa version revisitée à la fin du XXe siècle : ni Durand ni Pevsner n'ont inclus l'université dans leurs dictionnaires[43]. Si l'architecture ne parvient pas à se normaliser, cela signifie qu'il y a finalement chez cette patiente réticente quelque chose d'insaisissable, une forme d'impureté. À la fois sous-section (prétendument la plus élevée) de la scolarité, lieu de travail et service proposé à la société en général, l'université est un mode d'organisation difficilement définissable. Une des grandes raisons de la difficulté à la codifier tient au fait qu'elle a été façonnée par de nombreuses puissances extérieures à elle, l'obligeant sans cesse à s'adapter à des conditions changeantes. Mais c'est probablement l'absence d'une identité originale sous forme de présence bâtie, à savoir l'institution médiévale sans bâtiments, qui a réussi à survivre en tant que maladie auto-immune de l'université, luttant contre le principe hégémonique de la concentration. C'est dans son caractère indéfinissable que résident les problèmes de l'université, mais aussi sa capacité de survie et de rédemption porteuse d'espoir durant les temps obscurs. Et, sans nul doute, les nôtres ne sont pas parmi les plus brillants.

43 Jean-Nicolas-Louis Durand, *Précis des leçons d'architecture données à l'École polytechnique,* vers 1805 ; Nikolaus Pevsner, *A History of Building Types,* Londres, Thames and Hudson, 1976.

IV

IV

The transmission of knowledge and teaching in its purest form is found in the MBA building.
La transmission du savoir et de l'enseignement dans sa forme la plus pure se retrouve dans le bâtiment du MBA.

AUDITOR
PIERRE BELLON

PIERRE BEL ON

AFTERWORDS

David Chipperfield
220

As a society, we increasingly question the role and power of architecture. Our surrounding built environments of towns and cities are held hostage to the limitations of planning coordination and the growing importance of investment, encouraged by the criteria of the free market. In such a context, the capacity for architecture to assemble around societal ideas and express them in physical form is often compromised.

The university, however, is an ideal laboratory for architecture both in terms of its physical and material potential and, more importantly, for its societal potential to make a place and encourage community. Students are ideal citizens—they like meeting together, and their expectations of comfort and individual privilege are modest. Though they are not immune to the idea of withdrawing and finding concentrated isolation, they also desire to belong, to mix, and to share. Students exploit the private and public sides of architecture, they make the most of it, they innovate in the smallest private space and they take advantage to occupy the collective spaces of the campus. They sit on steps, they congregate in hallways, they talk to each other in the corners, making the most of the physical infrastructure of the campus.

The university is often seen as a microcosm of the world, albeit protected from its difficulties and exaggerated in its qualities. It is no accident that architects have been drawn to the planning and design of universities. We are fascinated by the idea of the campus, the ecosystem of staff and students that it houses and the community it forms, giving purpose to architecture in such an explicit way.

While the model for new out-of-town university campuses was developed in the United States in the 20th century, the drive to design utopian environments for ideal communities has long been a practice in France. Claude Nicolas Ledoux's 18th-century vision for the city of Chaux, or Charles Fourier's 19th-century *phalanstère*, for example, similarly sought to integrate urban and rural features with a range of spaces for all the daily activities of a community, from workshops to communal halls and to bedrooms. Eventually Le Corbusier would adapt the *phalanstère* concept for his Unité d'Habitation in the 1950s and generate a modern model for housing adopted around the world.

The HEC campus, inaugurated in 1964 by Charles de Gaulle, with its well-organised and open buildings lifted off the floor on stilts, created a loose but clear arrangement of spaces within a treed landscape that embodied many of the ideas of modernism and also gave expression to the utopian traditions of French architecture. In many ways, such campuses reveal the possibilities of modernist planning better than most urban planning experiments.

Considering the conditions in which we build today and the struggle to build cities that foster communities, a campus such as that of HEC gives us an opportunity to review the ideas of modernist planning with a growing sense of admiration. They remind us architects of the challenges we should be addressing. How many of these ideas can we bring back into the world? Can we create the ideal urban environments that the campus was once meant to reflect?

Interestingly, the building for the HEC Paris school of management formed a central role in the intuition's revaluation of its campus, and the project addressed the concerns about the identity of the institution towards the outside world. Our aim was to respond to this issue in a way that serves both a symbolic and practical functions in order to reinforce a sense of place, and to restore the qualities of the original, inspiring vision for the campus within the new master plan.

POSTFACE

David Chipperfield

En tant que société, nous nous interrogeons de plus en plus sur le rôle et le pouvoir de l'architecture. Nous sommes entourés d'environnements construits de petites et grandes villes qui sont prises en otage par les limites de la planification et de l'importance croissante des investissements, encouragées par les critères du marché libre. Dans un tel contexte, la capacité de l'architecture à s'assembler autour d'idées sociétales et à les exprimer sous forme physique est souvent compromise.

L'université est cependant un laboratoire idéal pour l'architecture, pour son potentiel tant physique que matériel et, de manière plus importante, pour sa capacité sociétale à créer un lieu et à encourager la communauté. Les étudiants sont des citoyens idéaux – ils aiment se rencontrer, et leurs attentes en matière de confort et de privilèges individuels sont modestes. Bien qu'ils aient parfois besoin de s'isoler pour se concentrer, ils ont aussi un désir d'appartenance, de mélange et de partage. Les étudiants exploitent les aspects privés et publics de l'architecture, ils en profitent au maximum, ils innovent dans les plus petits espaces privatifs mais savent aussi occuper les espaces collectifs du campus. Ils s'assoient sur les marches, se rassemblent dans les couloirs, se parlent dans les coins, en tirant le meilleur de l'infrastructure physique du campus.

L'université est souvent considérée comme un microcosme du monde, bien qu'elle soit protégée de ses difficultés et que ses qualités y soient exagérées. Ce n'est pas un hasard si les architectes ont été attirés par la planification et la conception des universités. Nous sommes fascinés par l'idée du campus, de l'écosystème formé par le personnel et les étudiants qu'il abrite ainsi que de la communauté qu'il forme, donnant ainsi un sens si explicite à l'architecture.

Bien que le modèle pour les nouveaux campus universitaires à l'extérieur de la ville ait été élaboré aux États-Unis au XXe siècle, la volonté de concevoir des environnements utopiques pour des communautés idéales est une pratique de longue date en France. La vision du XVIIIe siècle de Claude Nicolas Ledoux pour la ville de Chaux, ou le phalanstère de Charles Fourier au XIXe siècle, par exemple, ont également cherché à intégrer des éléments urbains et ruraux avec une gamme d'espaces pour toutes les activités quotidiennes d'une communauté, des ateliers aux salles communes en passant par les chambres à coucher. Le Corbusier adaptera par la suite le concept de phalanstère à son Unité d'habitation dans les années 1950 pour générer un modèle moderne de logement adopté dans le monde entier.

Le campus HEC, inauguré en 1964 par Charles de Gaulle, avec ses bâtiments sur pilotis bien organisés et ouverts, a créé une disposition ample mais claire des espaces dans un paysage arboré qui incarnait de nombreuses idées de la modernité et a aussi permis aux traditions utopiques de l'architecture française de s'exprimer. À bien des égards, ce type de campus révèle les possibilités de la planification moderniste bien mieux que la plupart des expériences d'aménagement urbain.

Compte tenu des conditions dans lesquelles nous construisons aujourd'hui et du combat pour bâtir des villes qui soutiennent les communautés, un campus comme celui d'HEC nous donne l'occasion de passer en revue les idées modernistes de la planification avec un sentiment croissant d'admiration. Il nous rappelle à nous autres architectes les défis que nous devons relever. Combien de ces idées pouvons-nous reproduire à l'échelle du monde ? Pouvons-nous créer les environnements urbains idéaux que le campus était autrefois censé refléter ?

Il est intéressant de noter que le bâtiment de l'École des hautes études commerciales a joué un rôle central dans la réévaluation de son campus par l'institution, et que le projet a répondu aux préoccupations concernant l'identité de l'établissement, tournée vers le monde extérieur. Notre objectif était de répondre à cette question d'une manière qui sert à la fois un objectif symbolique et des fonctions pratiques afin de renforcer l'esprit du lieu et de restaurer les qualités de la vision originale et inspirante pour le campus dans le cadre du nouveau plan d'ensemble.

AUTHORS

David Chipperfield

David Chipperfield (CBE, RA, RDI, RIBA) was born in London in 1953 and studied architecture at the Kingston School of Art and at the Architectural Association School of Architecture in London. After graduating he worked at the practices of Douglas Stephen, Richard Rogers and Norman Foster. He established his own practice in 1985. With offices in London, Berlin, Milan and Shanghai, the practice has developed an international body of work including cultural, residential, commercial, leisure and civic projects. Together, the four offices drive common architectural ambitions and share a commitment to the collaborative aspect of creating architecture. Among the practice's major completed works are the rebuilding of Neues Museum in Berlin, the Turner Contemporary Gallery and the Hepworth Wakefield, both in the United Kingdom, a new MBA building for HEC Paris, Museo Jumex in Mexico City, a new practice campus on Joachimstraße in Berlin, the Amorepacific headquarters in Seoul, and the Royal Academy of Arts in London.

Martin Duplantier

Established in France (Paris, Bordeaux) in 2008, his architectural practice defines research and experimentation as architectural tools. Driven by the desire to explore the design problems of our time (i.e. the rethinking of the modernist ideal, the densification of urban centers, the rehabilitation of once-pristine lands, etc.), he works on a number of projects at the local, regional and international scale. Stemming from his previous collaboration with David Chipperfield, the pair decided to work together on the extension of the HEC campus at Jouy-en-Josas, which was delivered in Summer 2012. In the same stride, Martin worked on other campus-based projects, both urban and rural, that act as reservoirs for people and ideas where knowledge, the intangible and the immaterial mesh. Martin gives lectures and organizes workshops in several universities around the world and is currently the president of a French national architectural association AMO, gathering thousands of actors of the urban-making process.

Christian Hottin

Christian Hottin is a paleographer archivist. He graduated at the École Pratique des Hautes Études and the Institut National du Patrimoine. He was head of the ethnological heritage mission. He is the director of studies at the Institut National du Patrimoine since 2016. He has edited numerous publications, including *Le Palais de la science* (1999), *La Sorbonne. Un musée, ses chefs-d'œuvre* (2006), *Le Patrimoine de l'enseignement supérieur* (2011). He is the author of two publications on the Sorbonne: *Quand la Sorbonne était peinte* (2001) and *Les Sorbonne, figures de l'architecture universitaire à Paris* (2015).

Virginie Picon-Lefebvre

Virginie Picon-Lefebvre is an architect and urban planner, a doctor of art history and a professor at the École d'Architecture de Paris-Belleville. She conducts researchs on architecture and contemporary urban planning from the 1920s to the 1970s. She has published numerous books on Paris and La Défense, architecture and construction and tourism architecture. She was a consultant for the renovation of the HEC campus, Pierre Chareau's Glass House, the Montparnasse tower and the Aillaud towers. She collaborated on a book on the renovation of Jussieu and the Marché Saint-Germain. She is currently working on the relationship between architecture, design and lifestyles, and on the impact of tourism in Angkor, in particular on hotel infrastructure.

Peter Todd

Peter Todd is a Professor at HEC Paris and currently serves as Managing Director of the School. He is an expert in the organization, management and use of information technology to deliver business value. Professor Todd has over 40 published works on information technology and innovation management which have received more than 15,000 citations. He has taught and led degree programs, executive education and applied research programs in management, innovation and information technology for over 25 years. He also has over 20 years of increasingly senior leadership experience as a dean, associate dean, program and centre director at prominent Canadian and US universities. From 2005 to 2014 he was dean of the Desautels Faculty of Management at McGill University. Professor Todd holds an undergraduate degree in commerce from McGill University and a PhD in business administration from the University of British Columbia.

AUTHORS

Cyrille Weiner

In his meticulous, on-site documentary-style investigations, artist Cyrille Weiner regularly raises the issue of space—especially in its marginal and transformational dimensions. Speculating insistently as to how individuals can make the places they live in their own, at a remove from directives from "higher up", Weiner gradually abandons the purely documentary in favour of a fiction-pervaded world which he portrays in exhibitions, publishing projects and installations. Born in 1976, he is the author of *Twice* (19/80 Editions) and *La Fabrique du pré* (Filigranes Editions).

Francesco Zuddas

Francesco Zuddas is senior lecturer in architecture at Anglia Ruskin University. He studied and taught at the University of Cagliari and the Architectural Association School of Architecture, and was visiting research scholar at GSAPP, Columbia University. His writings have appeared on *AA Files*, *Domus*, *San Rocco*, *Territorio*, and *Trans*. His current research is an investigation of the space of the university as a paradigm for understanding the modern city, and he is working on a book from his doctoral dissertation *The University as Settlement Principle. The Territorialisation of Knowledge in 1970s Italy*.

AUTEURS

David Chipperfield
David Chipperfield (CBE, RA, RDI, RIBA) est né à Londres en 1953 et a étudié l'architecture à la Kingston School of Art et à l'Architectural Association School of Architecture à Londres. Après son diplôme, il a travaillé au sein des agences de Douglas Stephen, Richard Rogers et Norman Foster. Il a créé sa propre agence en 1985. Avec des bureaux à Londres, Berlin, Milan et Shanghai, David Chipperfield a développé un corpus international de projets culturels, résidentiels, commerciaux, civiques et de loisirs. Les quatre agences portent des ambitions architecturales communes et s'attachent à une conception collaborative du projet. Les principales réalisations de David Chipperfield Architects sont la reconstruction du Neues Museum à Berlin, la Turner Contemporary Gallery et The Hepworth Wakefield, tous deux au Royaume-Uni, le nouveau bâtiment du MBA pour le campus HEC, le Museo Jumex à Mexico, un nouveau campus sur Joachimstraße à Berlin, le siege d'Amorepacific à Séoul et la Royal Academy of Arts à Londres.

Martin Duplantier
Établi en France, à Paris et Bordeaux, depuis 2008, Martin Duplantier se dédie à une pratique de l'architecture par la recherche et l'expérimentation. Mû par la volonté d'explorer les problématiques spatiales de notre époque – la requalification du patrimoine moderniste, la densification des centres urbains ou encore la réaffectation de territoires défigurés –, Martin travaille sur un grand nombre de projets à l'échelle locale, régionale voire internationale. À l'issue de sa collaboration avec David Chipperfield, les deux architectes décident de travailler ensemble sur l'extension du campus HEC à Jouy-en-Josas, livrée à l'été 2012. Ensuite, Martin s'attelle à d'autres projets de campus, à la fois urbains et ruraux, qui agissent comme des réservoirs à idées où se rencontrent le savoir, l'intangible et l'immatériel. De plus, Martin enseigne dans plusieurs universités dans le monde et est président de l'association AMO, qui rassemble des milliers d'acteurs de la fabrique de la ville.

Christian Hottin
Christian Hottin est archiviste paléographe, diplômé de l'École pratique des hautes études et de l'Institut national du patrimoine. Il a été chef de la mission du patrimoine ethnologique. Depuis 2016 il est directeur des études de l'Institut national du patrimoine. Il a dirigé de nombreuses publications, dont *Le Palais de la science* (1999), *La Sorbonne. Un musée, ses chefs-d'œuvre* (2006), *Le Patrimoine de l'enseignement supérieur* (2011). Il est l'auteur de deux ouvrages sur la Sorbonne : *Quand la Sorbonne était peinte* (2001) et *Les Sorbonne. Figures de l'architecture universitaire à Paris* (2015).

Virginie Picon-Lefebvre
Virginie Picon-Lefebvre est architecte et urbaniste, docteur en histoire de l'art et professeur à l'École d'architecture de Paris-Belleville. Elle mène des recherches sur l'architecture et l'urbanisme contemporains des années 1920 aux années 1975. Elle a publié de nombreux ouvrages sur Paris et sur La Défense, l'architecture et la construction et l'architecture du tourisme. Elle a été consultante sur la rénovation du campus HEC, sur celle de la maison de Verre de Pierre Chareau et sur celles de la tour Montparnasse et des tours Aillaud. Elle a collaboré à un livre sur la rénovation de Jussieu et sur celle du marché Saint-Germain. Elle travaille actuellement sur les relations entre architecture, design et modes de vie et sur l'impact du tourisme à Angkor, en particulier sur les infrastructures hôtelières.

Peter Todd
Peter Todd est professeur à HEC Paris et assure les fonctions de directeur général de l'École. Il est expert en organisation, gestion et utilisation des technologies de l'information à forte valeur ajoutée. Le professeur Todd est l'auteur de plus de 40 publications sur les technologies de l'information et la gestion de l'innovation, capitalisant plus de 15 000 citations. Pendant 25 ans, il a dirigé des programmes universitaires, des formations pour hauts dirigeants ainsi que des programmes de recherche appliquée à la gestion, à l'innovation et aux technologies de l'information. Peter Todd possède également plus de 20 ans d'expérience managériale en tant que doyen, vice-doyen et directeur de programme et de centre de recherche dans des universités américaines et canadiennes de premier plan. Il a été le doyen de la faculté de gestion Desautels de l'université McGill, entre 2005 et 2014. Peter Todd est titulaire d'une licence de commerce de l'université McGill et d'un doctorat en administration des affaires de l'université de la Colombie-Britannique.

Cyrille Weiner
À partir d'enquêtes précises menées sur les lieux, de type documentaire, Cyrille Weiner pose de façon récurrente la question de l'espace – notamment dans ses marges et ses lieux de transformation. Se demandant obstinément comment les individus peuvent investir leurs lieux de vie, à distance des directives venues « d'en haut », l'artiste quitte peu à peu le seul registre documentaire pour proposer un univers traversé par la fiction, qu'il met en scène dans des expositions, des projets éditoriaux et des installations. Né en 1976, il est l'auteur de *Twice* (éditions 19/80) et de *La Fabrique du pré* (éditions Filigranes).

Francesco Zuddas
Francesco Zuddas est maître de conférences en architecture à la Anglia Ruskin University. Il a étudié et enseigné à l'université de Cagliari et à l'Architectural Association School of Architecture, et a été étudiant-chercheur invité au GSAPP, Columbia University. Ses écrits ont été publiés dans *AA Files*, *Domus*, *San Rocco*, *Territorio* et *Trans*. Ses recherches actuelles portent sur l'espace de l'université en tant que paradigme pour comprendre la ville moderne, et il travaille sur un livre tiré de sa thèse de doctorat, *The University as Settlement Principle. The Territorialisation of Knowledge in 1970s Italy.*

COLOPHON

Editorial conception
Atmosphériques narratives
(Giaime Meloni et Cyrille Weiner)

Graphic design
Building Paris (Benoît Santiard,
Guillaume Grall, Cécile Legnaghi)

Photographs
Cyrille Weiner

English translation
and proofreading
Édouard Isar

French translation
and proofreading
Adel Tincelin

General proofreading
Raphaëlle Roux

Typefaces
Untitled Sans Medium,
Untitled Serif Regular
(Klim Type Foundry, 2017)

Photo-engraving
Fotimprim, Paris

Papers
Gmund F-color Glatt Anthrazit 120 g,
Munken Print White 1.5 100 g

Printing
PBtisk, Czech Republic
Printed in December 2018

Park Books
Niederdorfstrasse 54
8001 Zürich, Switzerland
www.park-books.com

Park Books is being supported by the
Federal Office of Culture with a general
subsidy for the years 2016–2020.

ISBN 978-3-03860-099-2

COLOPHON

Conception éditoriale
Atmosphériques narratives
(Giaime Meloni et Cyrille Weiner)

Conception graphique
Building Paris (Benoît Santiard,
Guillaume Grall, Cécile Legnaghi)

Photographies
Cyrille Weiner

Traduction anglaise
et relecture
Édouard Isar

Traduction française
et relecture
Adel Tincelin

Relecture générale
Raphaëlle Roux

Typographies
Untitled Sans Medium,
Untitled Serif Regular
(Klim Type Foundry, 2017)

Photogravure
Fotimprim, Paris

Papiers
Gmund F-color Glatt Anthrazit 120 g,
Munken Print White 1.5 100 g

Impression
PBtisk, République Tchèque
Imprimé en décembre 2018

Park Books
Niederdorfstrasse 54
8001 Zürich, Suisse
www.park-books.com

La maison d'édition Park Books bénéficie
d'un soutien structurel de l'Office fédéral
de la culture pour les années 2016-2020.

ISBN 978-3-03860-099-2

Our special thanks go to the authors, Atmosphériques Narratives and Building Paris, our partners GTM Bâtiment and ADIM Île-de-France (Xavier Duplantier), Groupe HEC (Peter Todd, Philippe Oster, Philippe Reymond), France-Habitation, CCI IDF and Jean-Luc Neyraud, and particularly the operational teams: Adil Tber, Jean-Pierre Pujals, Kevin Bian, Benoît Pastel.

Nous remercions particulièrement les auteurs, Atmosphériques Narratives, Building Paris, nos partenaires GTM Bâtiment et ADIM Île-de-France (Xavier Duplantier), mais aussi le Groupe HEC (Peter Todd, Philippe Oster, Philippe Reymond), France-Habitation, la CCI IDF et Jean-Luc Neyraud, et surtout toutes les équipes opérationnelles : Adil Tber, Jean-Pierre Pujals, Kevin Bian, Benoît Pastel.